地方自治体への営業

実は「お役所」こそが、ビジネスチャンスの発信地

伊藤健太郎

みらい PUBLISHING

はじめに

ある寒い冬の日、新潟市議会議員である私の事務所に、某有名大企業の営業マンが来られました。

自信満々のこの方、私と名刺を交換して社交辞令もそこそこに、滔々《とうとう》と話し始めました。

要約すると……

①新潟市にはいいところや美味しいものがあるのにＰＲ下手だ。
②弊社の広報媒体は、国内はおろか、世界的にも屈指の技術を結集して作られている。
③新潟市役所は、今すぐこの広報媒体を買って、国内外にその魅力を発信すべきだ。
④伊藤先生、ぜひ新潟市役所がこの商品を買ってくれるように勧めて欲しい。

色とりどりの良質な紙で作られた見事なパンフレットに感心しながら、私の答えは「ＮＯ」の一言。

のちに懇意になるこの一流企業営業マンとのやり取りが、この本を書いてみようと思い立ったきっかけです。

少子化、超高齢社会（高齢化率が21％を超えている状態）の到来、若者の首都圏への流出が叫ばれ始めて久しい昨今、地方自治体の財政状況は総じて悪化の一途をたどっています。

このような状況を、我々政治家や行政マンだけで改善させるのは極めて困難です。不正な政治と企業との癒着、行政と企業との癒着は言語道断ですが、地方自治体の活性化、財政再建のためには、民間企業の力が不可欠です。

一方で、企業の皆さんにとっても地方自治体は優良な顧客の一つだと考えます。仕事のほとんどが法律や条例、規則などで定められている地方自治体への営業は、一つコツを掴めば、スマートに営業を行い、売上げを伸ばせるマーケットです。また、契約期間中に取引先である地方自治体が破綻して不良な債権を抱えるリスクはほぼ皆無です。

何より、経済を大きくして税収を確保し、その財源を活用して障がいのある人への福祉の増進や、いざというときのセーフティネットの確保を図るべきだと考える私にとっては、地方自治体への営業に無駄な時間を費やすことなく、スマートな営業で売上げをドンドンと伸ばしてたくさん納税していただきたいと念願しています。

本書は、民間企業での営業経験ゼロの私が筆を執った誠に稚拙なノウハウ本であります。地方自治体との取引きが頻繁なベテラン営業マンの皆さんには、いささか物足りない内容だとは存じますが、そんな時には、行間にメモ書きをしていただき、若手営業マンの皆さんに手渡していただければ幸いです。

なお、本編執筆後半になり、新型コロナウイルス感染症が私たちの生活を脅かしています。本著の内容は、コロナ禍がもたらしたあらゆる問題を解決するために必要と思われる事柄を表しており、あえて特段の加筆を行いませんでした。地方をコロナ禍から守るためにも、そしてコロナ禍を乗り切るためにも、地方の若手営業マンの活躍は不可欠です。官民一体となってこの難局に立ち向かうべく、本著がその参考になればなお幸いです。

伊藤健太郎

地方自治体への営業　目次

第1章

変動の少ない地方自治体の仕組み……25

第2章

営業マンの「攻め月」は7月にあり！……53

第3章

知らないと失敗する「お役所」の七不思議……83

第4章

地方自治体で成功する営業のツボはこれだ！……99

第5章 地方議会・地方議員とビジネス……127

第6章

営業マン一人ひとりの力が地方を活性化させる……135

column

序章

地方自治体は若手営業マンにとって最高のトレーニングジム

地方自治体のアクションは、ビジネスチャンスのシグナル

地方都市の市役所職員を20年、地方議員を5年、行政書士を4年経験している私が、もし明日突然、民間企業の営業マンを務めることになったとしたら、まず営業に出向いてみたいのは、いわゆる「お役所」です。

「お役所仕事」はそのほとんどが法律や条例、規則など、一般に公開されている決まりによって定まっていて、「まずは相手を知れ!」が営業のセオリーだとすれば、現場に出る前にかなりの準備ができるのが地方自治体です。特に、全国に1800近くある都道府県、市町村といった地方自治体に関しては、規模の大小はあれども、予算の決定プロセスや組織のあり様などはほとんど一緒と言っても過言ではありません。

すなわち、一つの地方自治体への営業がうまくいったとしたら、他の1800近い顧客へのアプローチ、さらなる売上げアップのチャンスがあるのが地方自治体への営業の良いところです。逆に、一つの自治体への営業がうまくいかなかったとしても、その反省点を踏まえ

て、1800近い顧客が残されているというのも、地方自治体への営業の良いところです。

本書を手にしてくださった方の中には、「地方自治体に営業」といっても、ピンとこない方も多いと思いますが、マーケットとしてはかなりの多様性があります。頭に浮かびやすい道路工事や公園の管理などから始まり、イベントの開催や広報誌の発行、加えて昨今のICT化の進展に伴いニーズが多い各種システム開発、コールセンターや窓口業務などのアウトソーシングまで、ありとあらゆる「売上げのタネ」が転がっています。「売上げのタネ」というところが肝心で、栽培方法を心得ていれば花開き、水をやるべきところで肥料だけをやり続けてしまうと、二度と実らない不毛の地になってしまうのもまた地方自治体の特徴です。

また、人口減少社会、超高齢社会の到来で、都市間競争、自治体間競争が激しい時世もチャンスを増幅させています。地方自治体はこれまで通りの「お役所仕事」をしていては、自らの自治体の存続すら危ぶまれる、そんな時代です。

このたび、主に地方自治体との取引きがある、または取引きの可能性がある地方の若手営業マンの皆さんにご一読いただき、ご自身の売上げアップに役立てていただくことはもちろんのこと、さらに、皆さんのお仕事のフィールドである地方を、そして地域経済を活性化させるチームの一員となっていただけることを期待して筆を執りました。もちろん、60代でも、70代でも、チャレンジ精神をお持ちの方が「若手」です！

地方自治体の組織は同じ

地方自治体、特に都道府県同士、市区町村同士は組織の骨組みがほとんど同じです。異なるとすれば、首長肝煎りの部署があるとか、「政令指定都市の組織＝政令指定都市以外の市区町村の組織＋都道府県の組織の一部」といった、都市規模によって差がある程度です。

例えば20ページ〈図1〉の人口約80万人の新潟市の組織図と人口約400人の粟島浦村の組織図（22ページ〈図2〉）を見てください。

まず、粟島浦村の「総合政策室」ですが、こうしたセクションは一般的に「企画部門」です。新潟市の場合には、「政策企画部」がそれに当たります。首長の理念を具体的な計画にしたり、事業化したりします。財務を司る部署とこうした企画部門を切り離している自治体がほとんどです。自治体全体に関わるダイナミックなアイディアがあれば、こうした部署に売り込むのが有効です（もちろん、採用へのハードルはかなり高いです）。

そして、粟島浦村の「総務課」は、新潟市の「市民生活部」、「危機管理防災局」、「総務部」、「財務部」などに当てはまります。同様に、他の部局もこの自治体にはあって、この自治体にはないといったことがほとんどありません。

都市規模が大きくなると、扱う業務量が多くなりますから、担当する職員が多くなり、部署が独立することによって、組織図が複雑になります。なお、新潟市は、文化行政に力を入れており、「文化スポーツ部」が独立しているのは、市長肝煎りである現れです。

この執筆を機に、あらゆる自治体の組織図を見てきましたが、埼玉県所沢市や群馬県前橋市などが役所の機構を学ぶ上では分かりやすい組織形態です。ぜひホームページでご確認ください。

〈図1〉新潟市組織機構図

部の先頭の課が部の主幹課となります。
（ただし、区役所は地域総務課及び総務課が区の主管課となります）

令和2年4月1日

経済部

- 産業政策課
  - 海外ビジネス推進室
- 成長産業支援課
- 商業振興課
- 企業誘致課
- 雇用政策課
  - 新潟暮らし推進室

都市政策部

- 都市計画課
  - ＧＩＳセンター
- まちづくり推進課
- 都市交通政策課
  - 企画係
  - 地域交通整備室
  - 新交通推進室
- 港湾空港課
- 技術管理課
- 工事検査課
- 新潟駅周辺整備事務所

下水道部

- 経営企画課
  - 経理係
- 下水道計画課
- 東部地域下水道事務所
  - 業務係
  - 排水設備係
  - 計画調整係
  - 工務第１係
  - 工務第２係
  - 雨水対策推進室
  - 北下水道分室
- 西部地域下水道事務所
  - 業務係
  - 計画調整係
  - 工務第１係
  - 工務第２係
  - 普及推進室
  - 秋葉下水道推進室
- 下水道管理センター
  - 維持管理課
    - 管理係
    - 改築係
    - 維持係
  - 施設管理課
    - 施設係
    - ポンプ場第１係
    - ポンプ場第２係
    - 水質係
    - 処理場係

総務部

- 総務課
  - 庁舎再編担当課長
  - 総務係
  - 統計係
  - 庁舎管理係
  - 自動車管理係
  - 市政情報室
- 行政経営課
  - コンプライアンス推進担当課長
- 集中改革推進課
- ＩＣＴ政策課
- 人事課
  - 人材育成室
- 職員課
- 職員研修所

農林水産部

- 農林政策課
  - 生産政策係
  - 担い手育成室
- 農業活性化研究センター
- 農村整備・水産課
  - 管理係
  - 農村計画係
  - 水産振興室
- 中央卸売市場
  - 管理係
  - 指導係
- 食と花の推進課
  - 販売促進室

土木部

- 土木総務課
  - 河川海岸砂防室
- 道路計画課
  - 管理係
  - 国道事業調整係
- 公園水辺課
  - 管理係
  - 企画係
- 東部地域土木事務所
  - 管理係
  - 橋りょう整備係
- 西部地域土木事務所
  - 管理係
  - 橋りょう整備係
  - 公園整備係

財務部

- 財務企画課
  - 資金室
- 財務課
- 財産経営推進担当部長
- 財産活用課
  - 財産経営推進室
- 用地対策課
  - 用地第１係
  - 用地第２係
  - 用地第３係
  - 用地企画室
- 契約課
  - 物品契約係
  - 工事契約係
- 税務監
- 税制課
- 資産評価課
- 債権管理課
- 市税事務所
  - 市民税課
    - 管理・証明係
    - 法人・諸税係
    - 特別徴収係
    - 市民税第１係
    - 市民税第２係
    - 市民税第３係
    - 市民税第４係
  - 資産税課
    - 管理係
    - 土地係
    - 家屋第１係
    - 家屋第２係
    - 償却資産係
    - 資産税第１分室
      - 土地係
      - 家屋係
    - 資産税第２分室
      - 土地係
      - 家屋係
  - 納税課
    - 管理係
    - 収納係

	内部部局	機関
部		
準部		
課		
準課		
係相当		

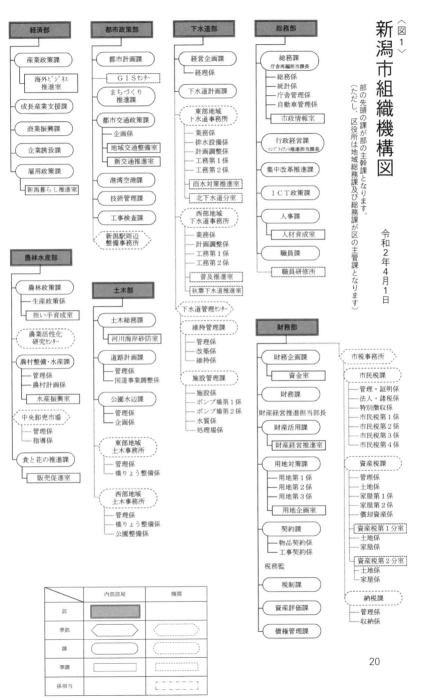

- **政策企画部**
  - 政策監
  - 古町再生プロジェクト・チーム
  - まちづくり×バス交通推進チーム
  - 政策調整課
  - 広報課
    - 報道係
    - 広報係
    - 広報戦略室
  - 東京事務所（企業誘致担当課長）

- **文化スポーツ部**
  - 文化政策課
  - 文化創造推進課
  - 新潟市美術館
    - 総務係
    - 学芸係
    - 新津美術館
  - 歴史文化課
    - 文化財センター
  - スポーツ振興課
    - オリンピック・パラリンピック推進室

- **環境部**
  - 環境政策課
    - 環境総務係
    - 自然環境係
    - 地球温暖化対策室
  - 環境対策課
    - 大気係
    - 水質係
    - 環境保全係
  - 循環社会推進課
    - 新田清掃センター
      - 管理係
      - 施設係
      - 白根環境事業所
      - 赤塚処分地管理事務所
    - 亀田清掃センター
      - 管理係
      - 施設第１係
      - 施設第２係
      - 新津クリーンセンター
      - 太夫浜処分地管理事務所
    - 巻清掃センター
      - 管理係
      - 施設第１係
      - 施設第２係
    - 舞平清掃センター
      - 管理係
      - 施設係
  - 廃棄物対策課
    - 業務係
    - 廃棄物指導室
    - 清掃事務所

- **福祉部**
  - 福祉総務課
    - 保護室
  - 福祉監査課
  - 障がい福祉課
    - 管理係
    - 在宅福祉係
    - 指定係
    - 給付係
    - 就労支援係
    - 明生園
    - めいせいデイサポートセンター
  - 身体障がい者更生相談所
  - 知的障がい者更生相談所
  - 高齢者支援課
    - 企画係
    - 高齢者福祉係
  - 地域包括ケア推進課
  - 介護保険課
    - 賦課収納係
    - 指定係
    - 介護給付係
    - 認定審査係
  - 保険年金課
    - 管理係
    - 給付係
    - 高齢者医療係
    - 保険料係
    - 国民年金係
    - 健康支援推進室

- **保健衛生部**
  - 保健衛生総務課
    - 企画総務係
    - 新潟水俣病健康福祉係
    - 健康政策室
  - 地域医療推進課
  - こころの健康センター（こころの健康推進担当課長）
    - 精神保健福祉室
    - いのちの支援室
  - 保健所
  - 保健管理課
    - 企画管理係
    - 医療指導係
    - 薬事指導係
    - 感染症対策室
  - 健康増進課
  - 食の安全推進課
  - 環境衛生課
    - 環境管理係
    - 環境衛生係
    - 生活環境係
    - 動物愛護センター
  - 食肉衛生検査所
  - 衛生環境研究所
    - 衛生科学室
    - 環境科学室

- **市民生活部**
  - 市民生活課
    - 安心・安全推進室
    - 消費生活センター
    - パスポートセンター
  - 市民協働課
  - 男女共同参画課
  - 広聴相談課
    - 市民相談室

- **観光・国際交流部**
  - 観光政策課
  - 国際・広域観光担当部長
  - 国際観光課
  - 広域観光課
  - 国際課

- **こども未来部**
  - こども政策課
  - こども家庭課
    - 給付管理係
    - 母子保健係
    - 児童発達支援センター
  - 児童相談所
  - 家庭支援課
    - 管理係
    - 家庭支援第１係
    - 家庭支援第２係
    - 虐待対策係
  - こども相談課
    - 相談受理係
    - 判定係
    - 一時保護係
  - 保育課

- **建築部**
  - 住環境政策課
    - 総務係
    - 公共住宅管理係
    - 公共住宅計画・維持係
    - 住環境整備室
  - 建築行政課
    - 建築行政係
    - 監察指導係
    - 建築審査係
  - 公共建築第１課
    - 施設保全推進室
  - 公共建築第２課

危機管理監

- **危機管理防災局**
  - 防災課
  - 危機対策課

〈図2〉

栗島浦村役場組織機構図

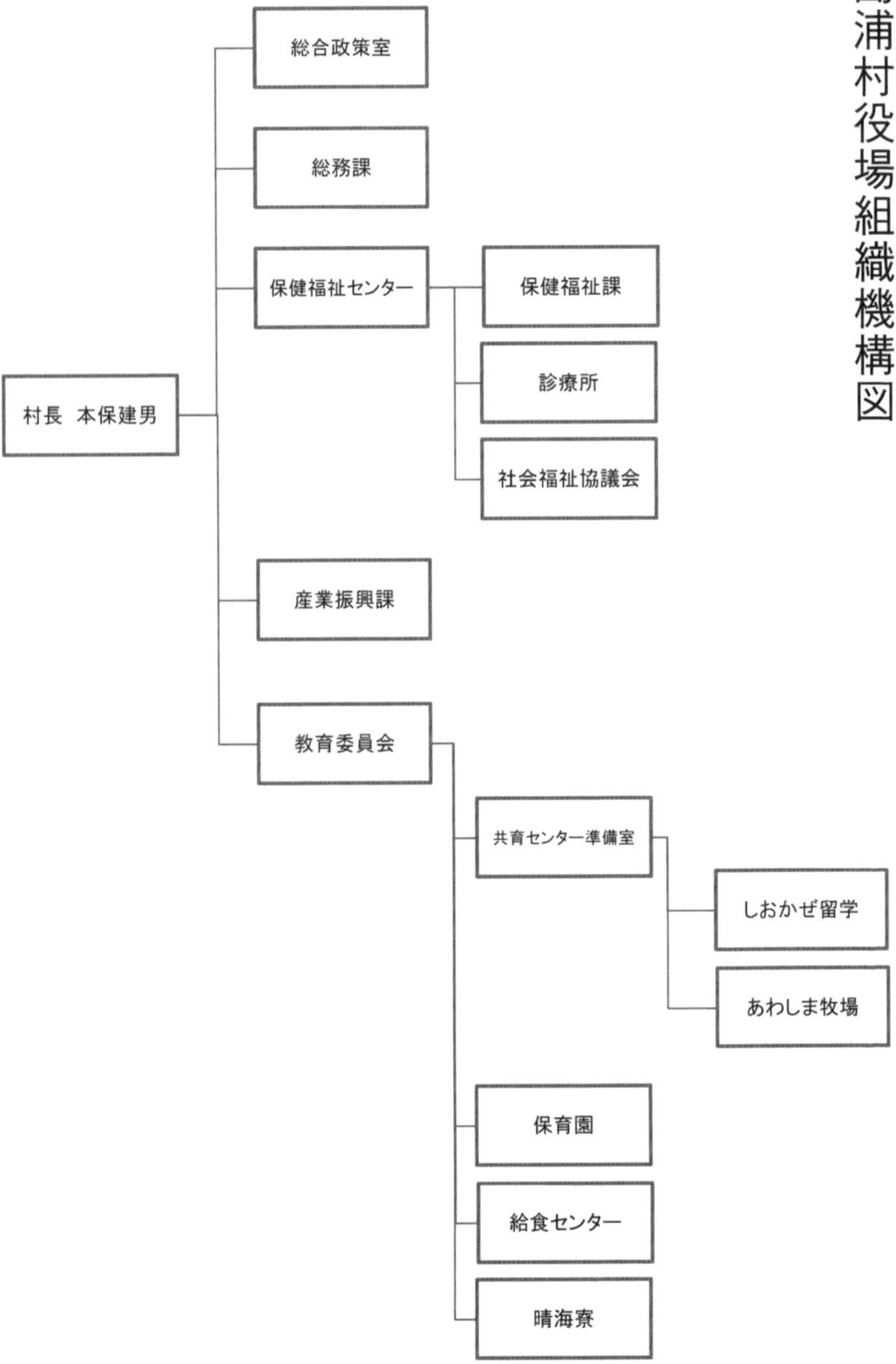

実は、地方自治体は民間の情報なしには成り立たない

民間企業の商品やサービス、ノウハウがないと仕事が成り立たないのも地方自治体の特徴です。まれに例外はありますが、地方自治体自体が商品を開発したり、ノウハウを構築したりすることはありません。例えば、職員が使うパソコン一つを取ってみても、OSは当然ウィンドウズやマックなど、民間企業が開発したものです。ボールペンも、デスクも、オフィスの電球も、ゴミ箱も、すべて民間企業が開発し、生産し、流通し、販売またはレンタル、リースしたものです。

さらに重要なのは情報です。技術の進歩が急速で、5年も経つとハードもソフトも「昔話」になってしまう昨今、市民ニーズに呼応するためのサービス向上やコストカットのために欠かせないのが、民間企業の皆さんが地方自治体に運び入れてくださる「情報」です。

下水道の工事で使用する最新の部材や、軟弱地盤でも簡素な工事ができる道路の盛り土、子育て支援に便利なスマートフォンのアプリや、環境にやさしく、経費節減に繋がるLED照明など、導入のきっかけは、必ず「民間からの情報」です。

「お役所」と言われるとおり、少し上から目線で、対応も素っ気ないと思われている地方自治体も、実は民間企業の皆さんがいなければ成り立ちません。そう思っていただくと、少し敷居が低く感じていただけるのではないでしょうか。

ぜひとも地元自治体にドンドン売り込んで、売上げアップとともに、地元自治体の活性化、ひいては地域経済活性化の一翼を担ってください。

ただし、「お役所」独特の仕組みを理解しなければ、お付き合いが難しいのも事実です。「なんで?」、「どうして?」などという場面も、地方自治体への営業を経験された方の中では日常茶飯事ではないでしょうか。

地方自治体ならではのタイミング、スケジュール感、営業相手となる職員の本音など、知っておくべき「お役所」の常識を、元職員としての立場から、また、地方議員として、行政書士としてご相談を承る立場から、皆さんにお伝えできれば幸いです。

第1章

変動の少ない地方自治体の仕組み

「お役所」への営業、間違いがちな5項目

①一度の拒絶は永遠のNOではない

私自身も経験したことがありますが、せっかく遠方から役所まで営業に来られているのに、もったいないなぁと思ったケースが多々あります。

せっかく良いアイディア、良いツールの情報を提供してくださっているのに、タイミングが悪かったり、担当する部署を勘違いされていたり、もったいないケースは様々です。中には名刺だけ置いて帰られて、二度と来られない方もいらっしゃいましたが、実にもったいない。「すみません。資料だけいただいておきます」と返事が返ってきたとしても、それは決して「あなたのアイディア（商品）は、未来永劫、私たちの役所では必要ありません」と拒絶しているわけではありません。

「お役所仕事」には年間を通して、また月々の中で、どうしても営業の方々のお話をお聞き

できないタイミングがあります。例えば、議会開催中やイベント、窓口で年に一度の申請・届出の受付けを行う時期であったりと様々です。

地方自治体への営業は決して百発百中を狙うべきではありません。たとえ最新の商品が開発され、今が買い時、売り時であったとしても、「買えない」、「話すら聞けない」事情があるのが「お役所」です。

「気合いを入れて売り込みに行っても、話すら聞いてもらえない」営業をされている方であれば落ち込んでしまうシチュエーションですが、それが「お役所」の仕組みとあらかじめ分かっていれば、無用な傷を自ら負ってしまうことも避けられます。

②年齢の高い人が、その部署を牛耳っているとは限らない

地方自治体には、ご存知の通り、市長、副市長、局長、部長、課長、係長と様々な役職があります。地方自治体には「専決規程」というものがあり、すべてを市長が判断しているわけではありません。

一般的に、一番多くの決定を下すのは課長です。

また、課長より上の判断を仰ぐべきかどうかを決めるのも課長ですから、地方自治体でもっとも「決める」という仕事をしているのは課長と言っても過言ではありません。

地方自治体は概ね年功序列ですから、係長よりも課長の方が年輩であることがほとんどです。

しかし、だからといって、営業相手として、真っ先に課長を選ぶことが正しいとは限りません。まずもって、多くの判断をしなければならない役職である課長ですから、営業マンお一人おひとりに会ってじっくりとお話を聞くなどという時間はありません。

また、一つひとつの事務事業の細かい点まですべて課長が熟知しているとも限りません。さらに、役所は人事異動が頻繁な組織です。課長がそのセクションの中で一番ベテランということは稀です。このことは、課長の部下である課長補佐や係長、主任や主査、主事などの職員も同様です。4月に営業に行った場合に、課長は異動してきたばかり、係長は2年目、その部下の主任が6年目のベテランで、そのセクションの隅々まで熟知しているなんていうことも珍しくありません。

時には「課長が大学時代の後輩だった」などという、一見ラッキーな場面もあるかもしれませんが、実は逆効果の場合が多いのが地方自治体の特徴です。課長と親しいばかりに、部

「新潟市事務専決規程」抜粋

(3)財務に関する事項表

項目	副市長	部長	課等の長
(略)			
(4) 需用費			
ア 消耗品費			
(ア) 物品の購入((イ)に係るものを除く。)			
a 経費の執行 ①	2,000 万円以上	2,000 万円未満	1,000 万円未満
(略)			
エ 印刷製本費			
(ア) 写真及び青写真の焼き付け			○
(イ) 用品に係るもの			○
(ウ) その他 ②			
a 経費の執行	2,000 万円以上	2,000 万円未満	1,000 万円未満
(略)			
(6) 委託料			
ア 工事に係るもの			
(ア) 経費の執行	3 億円以上	3 億円未満	3,000 万円未満
(略)			
③ イ その他	1億円以上	1億円未満	500 万円未満
(略)			

①消耗品の購入のための経費の執行については、1,000 万円未満は課長が決裁する。

②印刷製本(その他)に係る経費の執行については、1,000 万円未満は課長が決裁する。

③業務委託(その他)に係る経費の執行については、500 万円未満は課長が決裁する。

下たちを蔑《ないがし》ろにして課長とだけ営業トークを繰り広げても、ほとんど成果には繋がりません。そういう光景を見ている部下は「課長と仲がいいからといって、物が売れるとでも思っているのか」と蔑《さげす》んでいますし、そもそものことを課長自らが一番よく自覚しています。こんな時こそ、担当者と丁寧なやりとりをして、信頼を得ていくことが欠かせません。ましてや、「俺は市長と仲がいいんだ」なんて、最悪のＮＧワードですよ。

後にも述べますが、営業に出向いてすぐに成果が出にくいのが地方自治体の特徴であり、逆に、そのことを受け入れることが「地方自治体への営業法」の第一原則です。月に一度、地方自治体にとって、職員にとって、そして、住民にとって有益な情報を提供するために窓口に出向くことで、こうした組織構成も自然と分かってくるものです。最終的にそのセクションで決定するのは課長ですが、だれがこのツールの有効性を認めてくれて、それを決定権者である課長に伝えてくれるのか、また、課長はどの職員の言うことを信頼しているのか、何気ないやりとり、職員との信頼関係の構築が、のちに訪れる「いざ！」というときに大きな結果をもたらします。

③今のキーパーソンが、契約時にいるとは限らない

とはいえ、先ほども述べたように、人事異動が頻繁なのが地方自治体の特徴の一つです。地方公務員の特徴として言えることは、人事異動直後でもしっかり戦力になる優秀な職員が多いということです。ほんの1ヶ月前には税金の仕事をしていた職員が1ヶ月後、下水道の仕事をしているなどということは「ザラ」です。

そしてそのことは、役職が高くなればなるほど顕著です。なぜそのようなことができるのでしょうか。答えは、キーパーソンとなる部下を見極める力です。配属直後の課長が重要な決断を迫られた時、一番頼りになるのが係長です。地方自治体は「係長行政」と言われることが多い組織です。係長は特定の限られたミッションを、部下をまとめながら遂行していく、いわばプロジェクトリーダーです。私の経験上、課長と係長とのコミュニケーションがよく取れていて、関係が良好な部署が大きな成果を生み出します。すなわち、営業相手としても文句なしというわけです。

一般的には、営業相手として、必ず信頼関係を築かなければならないのは、係長です。もし、その係長が営業に関する仕事を部下の若手職員に任せたとしても、窓口を訪れた時にはその都度挨拶したい相手です。「よし！　係長との信頼関係はバッチリ！　これで来年の契

キーパーソンとなるのは係長

約間違いなしだ！」というと、残念ながら、そううまくいかないのが、これまた地方自治体です。ベテランで力のある係長は、すなわち、他の職員よりも早く異動してしまう可能性が高いということの裏返しでもあるのです。せっかく半年かけて新商品の有益性を分かってもらえたのに、いざ、採用される年度にそのキーパーソンが異動でいなくなってしまったなどということも多々あります。

そんな時のために、例えば、窓口を訪れた時に、2回に1度は課長や課長補佐に挨拶したり、係長不在の時にはあえて若手職員と業務のことについて話をしてみたりと、重層的なお付き合いが必要です。

④期間はかかるけれど、時間はかからない

「地方自治体への営業法」の第一原則は、先述したとおり、「出向いてすぐに成果がでないことを受け入れること」です。役所相手の営業は、とにかく期間を要します。ただし、日々の大切な「時間」を費やさなければならないわけではありません。

後述（66・67ページの表参照）の役所の年間スケジュールは、これを踏まえて、短時間でスマートな営業活動をコンスタントに行うことが成功への秘訣です。

公務員の勤務時間は、これ即ち、私たちの納める税金です。忙しい時期に、長時間、「買って！ 買って！」といった、しつこい営業トークは、即ち税金の無駄遣いです。私も職員時代に経験しましたが、アポなしで、突如、東京から社長を連れて営業に来て、今は絶対に買わない（買えないと思われる）商品の（売り手側の身勝手な）有効性を延々と述べられて、「他の市でも買っているのに、買わないなんて、先進都市から取り残されますよ！」なんて言われた時には、内心「買うとしても、あなたの会社からは絶対に買いたくない」と思ってしまうのが職員の本音です。「地方自治体への営業法」の失敗例の典型です。

くれぐれも、職員の時間は税金とイコールだという意識を忘れないで、スマートな営業活

動をコンスタントに行うことを心がけてください。

⑤名刺とパンフレットを置くのが一番嫌われる

「地方自治体への営業法」の失敗例として、私もよく経験したのが、「毎日のように来て、名刺だけを置いていく営業マン」、「来るたびに分厚いカタログやパンフレットを渡すだけの営業マン」です。これを読んでくださっている職員さんの苦笑いが思い浮かびます。多いんです、こういう方。気持ちは分からなくもないのですが、正直に申し上げると、ほとんど無駄です。

まずは名刺。職員のほとんどは、民間企業で働いた経験がありません（最近は民間採用が増えて、経験豊かな職員も多いが、割合からすると少数）。そんな職員に名刺だけ渡されても、まず、この人が何を生業《なりわい》にしているか分からない場合がほとんどです。たとえ分かったとしても、何を期待して名刺を置いていくのか分からないというのが職員の本音です。

そして、分厚いカタログや良質な印刷の施された立派なパンフレット、ズバリ！「こんなのいつ読めっていうの？」が職員の本音です。再三申し上げるとおり、職員の勤務時間は即ち税金です。一方的に渡された分厚いカタログを読みふけっている時間は税金の浪費です。

もちろん、すでに具体的な取引きが始まっていて、出向いた際に担当者が不在で名刺を置いていく、また、職員から求められたカタログを置いていくというケースは別ですが、なんの求めもないのに、一方的に「配布」をするこうした活動は、職員の心証を著しく損ないます。中には極めて真面目な職員がいて、「いただいたものは目を通すまで捨てられない」と、机の上がカタログの山になっているなどというケースも珍しくありません。

地方自治体職員の平均年収は約５９０万円。これを1分間まで割り返すと約47円。カタログを渡して、ゴミ捨て場まで持っていくのに5分かかったとすれば、約２３５円の税金が無駄になると同じことです。

どうしても、アピールしたい商品やアイディアがあって、職員が忙しそうな場合には、カタログの該当箇所に付箋を一枚貼って、**「これ、とても職員の皆さんの勤務時間の削減に繋がるので、ぜひ見てみてください」**などと名刺を添えて渡すのがポイントです。

大切な税金を有効活用するためにも、無駄な営業活動はやめましょう。

逆に、同格自治体のほとんどが採用している商品やアイディアを、その実績とともに職員に紹介したにもかかわらず、職員が一切取り合わなかった場合には、自治体側に注意信号が点ります。冒頭で申し上げたとおり、地方自治体の仕事は民間企業の知恵や力なしには成り立ちません。そのような時にこそ、その応対について地方議員に意見するべきです。

地方自治体とのビジネスはローリスク・ハイリターン

職員時代も、現在もよくお話しさせていただくのが、「地方自治体で売れたものは民間にも売りやすい」ということです。確かに、地方自治体は新たな事業を行うにあたり、あらゆる法令を確認して、メリット、デメリットを検証し、最終的には「公益性」を重んじて実施に至ります。すなわち、地方自治体で採用された商品やアイディアは、違法性がなく、広く住民のために役に立つものというお墨付きをいただいたのも同然です。

そして、地方自治体で採用された商品やアイディアは、結果として長期的な契約に結びつきやすい傾向があるのも確かです。例えば、公共料金を計算するソフトが一旦採用されれば、そのソフトを使用することが業務マニュアルに組み込まれますから、そう簡単に別のソフトに置き換えられることはありません（もちろんそれが前提ではありませんが）。

また、同格都市への営業も格段に有利になります。職員はもちろん公平性を旨として仕事をしますが、「この商品は（都道府県庁所在地の）〇〇市で採用されました」と聞けば、全く採用実績のない商品と比べれば興味、関心は必然的に高くなります。

一方、地方自治体とのビジネスは、当然ながら接待交際費を使うこともなく、夜中までかかるような商談を迫られることもありません。何より、契約期間中に相手が倒産したり、不払いを起こしたりする心配はほぼありません。まさに、地方自治体相手のビジネスはローリスク・ハイリターン。「わがまちは自分が創るんだ!」という志で、どんどん営業に出向いてください。

営業マンは、たらい回しされて力がつく

若手や新人の営業マンの方が、突然地方自治体担当を任されて、一番困るのは、「自分が売り込む相手はどこの部署なのか」という問題に直面することだと思います。

これは、営業マンに限った問題ではなく、住民の皆さんや、私のような若年の議員でも同様です。何を隠そう、これまでの議員、行政書士の経験の中で、一番相談された回数が多いのは、「これってどこの部署に話せばいいのですか?」というもの。同期の議員からも聞かれることがあり、地方議員の第一関門といってもよいかもしれません。

この問題に対して、若手営業マンがどう振る舞えばよいか?　答えは簡単です。「喜んで

たらい回しされろ」です。もちろん、予習も必要です。地方自治体には「分掌事務規程」などという決まりがあって、ある程度の役割分担はその決まりの中で定められています。

しかし、残念ながら、それですべての部署の行っている事業を知ることは不可能です。地方自治体の仕事は急な住民ニーズに対応したり、国策に対応したりと、めまぐるしく変化していて、その都度決まりを変える余裕はありません。

インターネットで「○○市　分掌事務」などと検索をして、ある程度予習をしたら、たらい回しにされることを覚悟して、まずは窓口を訪ねてみましょう。

もしそこで「それはうちの部署ではなく、○○課ですよ」と言われたらしめたもの。さりげなく名札で名前を確認し、丁寧にお礼を伝えてアドバイスに従いましょう。再三申し上げるとおり、地方自治体は人事異動が頻繁な組織です。アドバイスしてくれた職員が、数ヶ月後のビジネスパートナーなんてことも珍しくありません。「伊藤さん、昨年私が間違えてお邪魔した時に丁寧にアドバイスしてくださいましたね！　あの時は嬉しかったです！」なんて言われたら、覚えていなくても嬉しいものです。

そもそも、職員でも、もしかしたら市長ですら、「この事業の担当はどこの部署だ」と全て言い当てるのは至難の技です。「たらい回し」という拒絶を恐れず、まずは現場に足を向けてみましょう。

一つ攻略すると、次がやりやすい

「地方自治体への営業法」として、難易度が高いのが、新規参入時に、独特の慣習に馴染むことです。

見積書の様式や、印鑑の押し方、納品日の設定や入札時の振る舞い方など、戸惑われる方は少なくありません。特に、新たなツール、アイディアを採用してもらおうとなればなおのことです。提案すら、どのように始めたらよいのか見当もつかない場合が多いと思います。そんな時のために、可能であれば試していただきたいのが、まずはハードルの低い一般競争入札や見積合わせなどに参加してみることです。突然高額な電子機器を売ることはできないかもしれませんが、電子機器に使用する消耗品は売ることができるかもしれません。結果にかかわらず、地方自治体の仕組みに触れることによって、いざという時の備えに繋がります。

「入札に参加しようと思ったら、入札参加資格名簿に登録されていなかった」などということもよくあります。大きな商機に、大きな失敗をしてしまわないように、オリンピック精神「参加することに意義がある」の気持ちで、トライしてみるのも「地方自治体への営業法」の一

最も低い金額を提示した者を契約の相手とする

つです。

そして、小さくとも、一つでも実績ができれば、それが大きな足がかりになります。実績ができた自治体では、それが信用に繋がりますし、他の自治体への営業のチャンスにも繋がります。

独特の仕組みですから、最初は丁寧に、分からないことを恥じることなく、担当職員に聞きながら確実に進めてください。

最近は多忙で、「そんなことも分からないんですか?」、「ホームページに書いてありますけれども、ちゃんと見てきましたか?」などと上から目線で指導する職員もいますが、おかしいですね。序章で述べたように、民間企業の皆さんがいなくては、地方自治体は成り立たないのに。そういった面は、議員として正していかなければならないと考えています。

地方自治体の入札・契約制度

地方自治体が物を買ったり、工事やイベント開催の業務を請け負ってもらったりする際の契約先の決め方には、一定のルールがあります。

原則としては、「**一般競争入札**」〈45ページ図3〉といって、一定の要件を満たす者に広く呼びかけ、金額によって競争させ、最も安い金額を提示した者を契約の相手方とする仕組みです。正確に言うと、「公告によって不特定多数の者を誘引して、入札により申込をさせる方法により競争を行わせ、その申込のうち、地方公共団体にとって最も有利な条件をもって申込をした者を選定して、その者と契約を締結する方法」です。

しかし、すべての買い物や、外注の際に、その都度手間のかかる一般競争入札を行うことは、かえって経費の増大を招いたり、過度な負担に繋がるため、例外として、様々な決め方が存在します。

例えば、今、シャープペンシルの芯がなくなったのに、1ヶ月かけて一般競争入札をしてシャープペンシルの芯を買う相手方を決めていては仕事になりませんよね。こうした事情に加えて、最近は、地域経済を担う地方の中小企業が元気になるために、発注方法に様々な工夫がなされるようになりました。まずは総務省の「**入札・契約に関する見解**」をご覧ください。

地方公共団体における調達は、その財源が税金によって賄われるものであるため、より良いもの、より安いものを調達しなければなりません。

そのため、地方公共団体が発注を行う場合には、不特定多数の参加者を募る調達方法である「一般競争入札」が原則とされています。

一方、この原則を貫くと調達の準備に多くの作業や時間が必要となり、結果として当初の目的が達成できなくなるなどの弊害が生じることがあり得ます。このため、「**指名競争入札**」や「**随意契約**」による調達が例外的な取扱いとして認められています。

さらに地域活性化の観点からは、地元企業が受注し地域経済に貢献することも求められており、この点も踏まえ調達がなされる必要があります。

以上について制度面からまとめると、地方公共団体の調達について定める地方自治法では、最も競争性、透明性、経済性等に優れた一般競争入札を原則として掲げつつ、一定の場合には、指名競争入札、随意契約による方法により契約を締結することが認められています。

また、地方自治法施行令では、入札に参加する者の資格要件について、事業所の所在地を要件（いわゆる地域要件）として定めることを認めるとともに、総合評価方式による入札では、一定の地域貢献の実績等を評価項目に設定し、評価の対象とすることが許容されており、これらをもって地元企業の受注機会の確保を図ることが可能となっています。

さらに、官公需についての中小企業者の受注の確保に関する法律において、地方公共団体は、国の施策に準じて、中小企業者の受注の機会を確保するために必要な施策を講ずるように努めなければならないとされています。

各地方公共団体においては、これらの規定を適切に活用していくことが求められています。

ご覧いただいたとおり、総務省では、地方の中小企業に契約のチャンスを与えようとしているわけです。これを逃す術《すべ》はありません！

それでは、まず、どのような制度があるのか、一般的なものを挙げて説明します。

①一般競争入札

役所が発注の相手方を決める際には、原則としてこの方法で決定します。

②指名競争入札

一般競争入札は、入札の参加要件が整っていればだれもが参加できるため、一つの発注に10社、20社参加することも珍しくありません。入札は参加者数が多ければ多いほど手間がかかりますし、また、「安かろう、悪かろう」といった質の低いサービスを提供する業者が

〈図 3〉一般競争入札の流れ

公告

案件、仕様、参加資格などの入札情報を公告する。
実質的には自治体のホームページで情報を入手する必要あり。
公共工事など、年度始めや四半期ごとに、「発注見通し」を公表する場合もあり、注視が必要。

↓

資格審査

審査会を開くなどして、入札参加希望者が所定の資格を満たしているかを確認する。参加資格には、一定の営業期間を有しているか、暴力団との関与が無いか、税の滞納が無いかなどがあり、予め資格を満たしていることを確認し、入札参加資格者名簿への登録を必須としている場合があるため注意が必要。

↓

入札

入札書に金額を記載して入札箱に投函する。現在は電子入札システム等、インターネットを通じた入札が主流になっている。

↓

開札

全ての入札が終了した段階で札を開く。入札金額には、契約金額を予算以内に収めるために設定する、超えてはならない「予定価格」、不当廉価を防ぐために設定する、下回ってはならない「最低制限価格」などが設定される。同額となった場合には、抽選で落札者を決定する。

↓

落札者決定

↓

契約の締結

落札者は、予め示された契約内容により契約書を締結する。入札参加前に、第三者への再委託の制限、支払い方法（原則としてすべて後払い）など、入念な確認が必要。

入り込む危険性も高まります。

そこで、一定程度の要件（資力や信用など）を踏まえて、特定多数の業者を指名して競争させる方法です〈図4〉。

また、地方自治法の改正により、「総合評価方式」による競争入札により、契約の相手方を決めることができるようになりました。「総合評価方式」では、単純な金額の競争だけでなく、質の確保や事業者の地域貢献度などを加味して点数化し、契約の相手方を決めることができるため、地元企業にとってはチャンスが拡大する方法と言えます。

③ 随意契約

随意契約とは、競争の方法によらず、任意に特定の者を選定してその者と契約を締結する方法です〈図5〉。発注の予定価格が少額であったり、特定の者が特許権を有するものを発注したりする際など、競争入札に適さない場合に用いる方法です。

随意契約の中でも、特徴的なのが、成果品を評価して選ぶ「コンペ方式」や、事業者を評価して選ぶ「プロポーザル方式」などがあります。わかりやすく例えると、ポスターの印刷を発注する際に、提案したポスターのデザインで選ぶのが「コンペ方式」で、ポスターを描

〈図 4〉 指名競争入札の流れ

特定の企業を指名し、その中からもっとも有利な条件を提示した企業を契約の相手とする契約方式です。入札の例外的な契約方式の一つです。
入札案件の「工事」や「物品」などの種類や発注機関によって、それぞれの『指名基準』という企業評価に基づいて発注機関が企業を指名します。発注機関によっては、指名競争入札への参加申請書などの関係書類一式を提出する必要がある場合もあります。

有資格者審査

通常の入札参加資格に加え、企業評価、業務実績評価などを加味して入札参加業者を選ぶ。また、地元優先調達などの観点から、本社、本店などの所在地から地元業者を選定することもある。

↓

指名通知

有資格者審査を経て、入札参加業者を指名する。

↓

入　札

入札書に金額を記載して入札箱に投函する。現在は電子入札システム等、インターネットを通じた入札が主流になっている。

↓

開　札

全ての入札が終了した段階で札を開く。入札金額には、契約金額を予算以内に収めるために設定する、超えてはならない「予定価格」、不当廉価を防ぐために設定する下回ってはならない「最低制限価格」などが設定される。同額となった場合には、抽選で落札者を決定する。

↓

落札者決定

↓

契約の締結

落札者は、予め示された契約内容により契約書を締結する。入札参加前に、第三者への再委託の制限、支払い方法（原則としてすべて後払い）など、入念な確認が必要。

〈図 5〉 随意契約の流れ

選　考

プロポーザル方式・企画コンペ方式・・・企画力、人員体制、提供する物やサービスの価値、価格などを総合的に評価して、契約の相手方の優先順位を決定。優先順位最上位の企業から順に契約締結に向けた交渉を行い、折り合えば契約締結となる。プロポーザル方式は事業者を、企画コンペ方式はモノやアイディアそのものを選べる。

↓

決　定

↓

契約の締結

選考はあくまで契約締結に向けた交渉の優先順位を決めるものであって、交渉が決裂すれば次に優先順位の高い企業と交渉を行う。折り合えば契約締結となる。

一者随意契約・・・特許など特別な技術を有していたり、求めるモノやサービスを期限内に調達するためには他者との競争の余地がなかったりする場合に、特定の企業と契約を締結する。

く人を選ぶのが「プロポーザル方式」です。

首長選挙は大きなビジネスチャンス

さまざまな商品、ノウハウをお持ちの企業にお勤めの方は、一体何を、どのタイミングで、どこに売り込んだらよいのか分からない場合も多いのではないでしょうか。

ご存知のとおり、役所というところは保守的ですから、職員が自ら進んで新たな事業を展開しようというのはなかなかないことです。そんな時に参考にしたいのが、「国の補正予算」、「都道府県知事、市町村長選挙のマニフェスト」、そして、望ましくないケースですが、「事件・事故の発生」です。

内閣改造時に「1兆円の補正予算」などという記事が新聞に掲載されることがありますが、そうした予算を国が直接執行することは珍しいことで、ほとんどは都道府県、市区町村を通じて執行されます。即ち、新聞に掲載された数ヶ月後には、地方自治体の予算も補正されるべく、地方議会の議案として上程されるはずなのです。後述のとおり、この時点で新たに営業活動を開始しても手遅れのケースがほとんどなのですが、大きなタイミングとして、「国の補正予算」は商機をうかがう大きなイベントです。そして、地道に続けてきた営業活動が花開くタイミングとしても重要なチャンスです。

また、首長の選挙で掲げたマニフェストに書き込まれた政策も重要です。介護事業に携わっている方なら、マニフェストに掲げられた介護関係の政策は熟読して、準備を始めるべきです。教育に関わる仕事をされていらっしゃる方であれば、新たに知事、市長になるリーダーの教育に懸ける意気込みを読み取って、しかるべき営業活動の準備を進める時です。地方自治体は「決まり」と「政治」で動きます。「決まり」は一旦決まってしまうとなかなか動かないものですが、首長選挙という「政治」の大きな波は、地方自治体を大きく動かす、営業マンの皆さんにとっては最も大きなチャンスの一つです。

そして、議員としては望まない残念なケースですが、事件や事故が発生し、対策を講じる時も営業マンの皆さんの出番と言うことができます。社会はなかなか完璧にはならないものです。不本意ではありますが、不慮の事故や感染症、さらには災害と、新たな対策を講じる時にモノやアイディアが必要となることが多いのが現実です。営業マンの皆さんがお持ちのモノやノウハウによって、二度と残念な事件・事故が繰り返されないように積極的な提案が必要です。

他にも商機をうかがうきっかけとなるイベント、タイミングはありますが、いずれの場合にも言えることは、「極秘情報」よりも「公開情報」の方がはるかに多く、情報は当たり前に入手できるということです。たとえば、議会で使用した資料は当然のことながら公開してもよい、公開すべき情報です。時折、ベテランの営業マンの方から、「今回の補正予算の内訳のわかる資料を見せていただいてもよろしいですか」などといった照会をいただくと、「さすがだなぁ」と感心します。情報は命ですね。

目指すは見積書の提出

もし、あなたが地道な営業活動を続けて、担当職員から「それでは、見積書をいただいてもよろしいですか？」と依頼を受けたら、これまでの営業活動が間違っていなかった証しです。特に、予算編成作業の時期である、8月から12月の間に翌年度の見積もりを頼まれたとしたら、すでにあなた自身が自覚する以上に営業活動は順調に進んでいるはずです。

見積もりをしたからといって、受注が決まるわけではないですが、もし、あなたの会社が地方自治体に対する実績がないにもかかわらず、担当職員から翌年度予算用の見積書の提出を依頼されたとしたら、社内で自慢していいレベルです。

あらゆる理由で保守的な職員が、実績のない企業に見積書の提出を依頼するということは、あなたにとって何か良い理由があるはずです。ぜひ期限を守って丁寧に対応してください。場合によっては、複数のパターンの見積書をお願いされたり、提出後に微修正を求められたりすることがありますが、ここでは、やりとりをすればするほど信頼関係のアップに繋がるという気持ちで、笑顔で応対することが大切です。

また、自治体によって、見積書などの帳票のこだわりが異なります。私も、職員時代に、どうしてここに印鑑が必要なのか、などと思ったことがありましたが、基本的には戦うより従った方が得策です。あまりに理不尽で、業界の営業活動に不利益となるような規制であれば、お近くの議員にご相談されるのがよいでしょう。ヘンテコな組織風土に出くわすことが多い地方自治体への営業、基本的には理不尽だと悶々としているよりも、受け入れて慣れてしまうことが攻略法の一つです。

第2章

営業マンの「攻め月」は7月にあり！

まずは、地方自治体のホームページを見てみよう！

「まずは敵を知れ」となったときに最も頼りになるのがホームページです。現在、全ての地方自治体にホームページがあり、あらゆる情報がホームページに掲載されています。

議員としては、良いことなのか悪しきことなのか判断を迷うことがありますが、地方自治体は、「ホームページに掲載したことをもって、その情報を公開した」としていることが多いのが実情です。

であるとすれば、まずは営業に行く前にその地方自治体のホームページを見てみましょう。

現在は、ほとんどの地方自治体のホームページが定型化されていて、市長の紹介やイベントの開催などは、2、3クリックすれば詳しく知ることができるようになっています。

若手営業マンの方にまず見ていただきたいのは、首長（都道府県は知事、市町村はその長）のメッセージです。政治や行政に関心のない方にとってはあまり面白くない内容かもしれません。しかし、実はここにこれから営業しようとする地方自治体の正体が明らかにされています。首長のメッセージは、何気ない文章のように見えて、幾度となく熟考を重ねら

〈図 A〉

名古屋市ホームページ

〈図 B〉

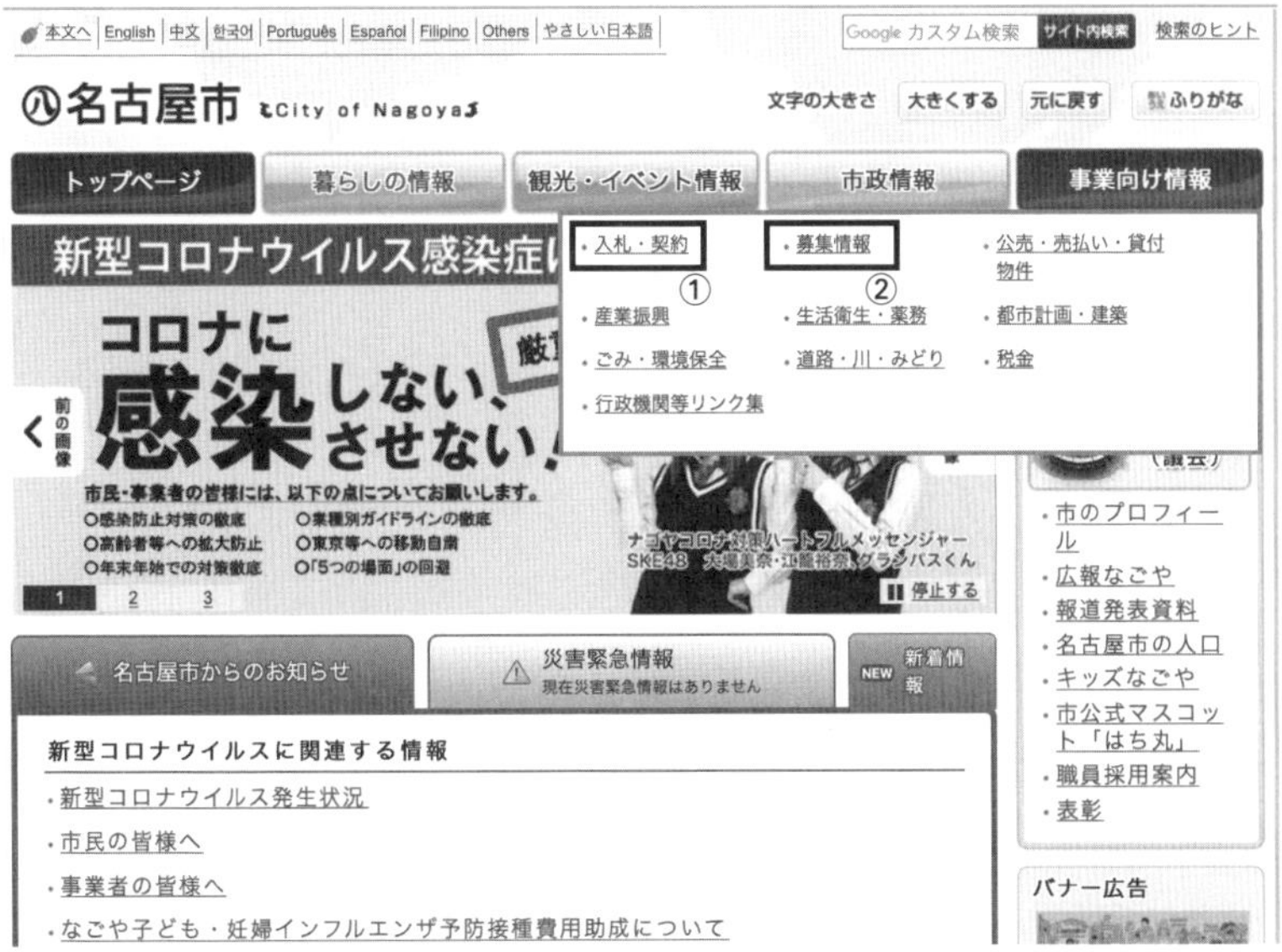

れ、過不足なく仕上げられていて、洗練されたもののはずです。これから営業マンとして出向こうとしている組織のトップは、我がまちをどのようにしたいのか、重視する分野はどのような分野なのか、抱えている問題は何か、などなど、ビジョンの要点がシンプルに表現されています。例えば我がまちはベッドタウンで、より子育てがしやすいまちにしたいと首長が考えているのであれば、たとえ子育てを担当する部署以外の部署でも、「子ども」や「子育て」といったキーワードが響くはずです。こうして営業しようとする自治体の首長のビジョンに共感を持ちながら営業活動に取り組めば、的外れな言葉は自ずと減ってくるでしょう。ぜひ首長のメッセージを熟読してみてください。

次に、実務的に見なければならないのは、「事業者向け情報」です。名古屋市のホームページにも**「事業向け情報」**というリンクがトップページに配置されています。名古屋市に限らず、自治体のホームページのトップページにはほとんどこの「事業者向け情報」という記載があるはずです。入札に関する情報や、アイディア募集など、企業の営業活動についてはこのページで確認します。注意すべきことは、名古屋市のホームページがそうであるように、**「入札公告一覧」**など、営業マン側がダイレクトに検索できるタイトルが付けられているわけではないということです。名古屋市のホームページ〈図A〉では、入札公告は、「名古屋市公報（調達版）」に掲載されていて（図Bの①）、アイディア募集などは、**「募集情報」**の中の「その他の募集」に部局別に掲載されています（図Bの②）。いずれにしても、入札や契約関係の情報は「事業者向け情報」に紐づいていますので、自治体ごとに検索方法を整理しておく必要があります。また、更に重要なのが「こまめに情報を収集する」ということです。1ヶ月に1回だけ検索しても、「いい契約案件があったのに、すでに募集期間を過ぎていた！」ということが十分あり得ます。最低でも週に1度、できれば毎朝、ターゲットとする自治体のホームページをチェックすべきです。

そして、全体のイメージから、その地方自治体が今、何に力を入れているのか、コンセプトは何か、求められているものは何かを垣間見ることができます。

そして、ぜひやってみて欲しいことは、別の地方自治体のホームページと見比べてみることです。例えば、政令指定都市であれば別の政令指定都市と、また、隣接する市町村や全く違う地方都市のホームページなど、比べてみると同じようでも若干異なっていることが分かります。

特に、「新着情報」などで更新頻度が高い政策、事業はその役所の中でも力を注いでいるものだと言える場合が多いわけです。

逆に、最終更新日時が1年以上前である政策、事業のページもあるかもしれません。もし、皆さんの自治体のホームページで、重要な政策、事業であるにもかかわらず、ホームページが何ヶ月も店晒《たなざら》しであったとしたら、ぜひお近くの議員にご指摘ください（もちろん担当部署に意見しても構いませんが、営業マンとしては避けたいところですよね）。

例えば、名古屋市と比較して私の地元新潟市のホームページでは、トップページの〈図C〉「事業者の方へ」というタブをクリックすると〈図D〉のように「入札・契約情報」が表示されます。同様に、図のようにトップページの「募集情報」をクリックすると、各種の募集案内が表示され、その中に「**事業者向け募集情報一覧**」が表示されます。営業マンの皆さんからすると、なぜ同じ事業者向けの情報なのに、別々の入り口から検索しなければならないのかご理解いただけないと思います。簡単に言うと、契約を担当する部署を通じた発注は「入札・契約情報」、契約を担当する部署を通さず、業務担当部署が直接発注するものは「募集情報」に表示されています。役所の縦割りで、1ページで網羅されていないことは、営業マンにとってはご不満だと思われるでしょうが、逆に、情報収集のコツを身に付けたと思って慣れてしまうのが得策です。

〈図 C〉

新潟市ホームページ

事業者の方へ

よくご利用いただく情報から探す
事業者の方へ
ページのトップへ戻る
目的別検索
こちらからもお探しいただけます
音声読み上げ・文字拡大
multilingual
携帯サイト
サイトマップ
検索
新潟市
Niigata City
くらし・手続き
子育て・教育
健康・医療・福祉
観光・文化・スポーツ
産業・経済・ビジネス
市政情報
緊急・災害
新潟市役所コールセンター
こたえてコール
025-243-4894
受付時間（年中無休）
午前8時～午後9時
お役立ち情報
いつもの町
いつもの道
いつもと違う
光の景色。
2020
October 10
23 fri 24 sat 30 fri 31 sat
November 11
6 fri 7 sat 13 fri 14 sat
20 fri 21 sat 27 fri 28 sat
古町モール7ほか
18:00-21:00
ひかりの商店街
NIIGATA Furumachi★
SHOPPING ARCADE OF LIGHTS
ようこそ
市長室へ
新潟暮らしは、
HAPPYターン。
移住
定住
新潟市
スキマ時間の楽しみ方

〈図 D〉

音声読み上げ・文字拡大
Multilingual
サイトマップ
検索
目的別検索
新潟市
Niigata City
みなとまち、みらいまち、新潟市
くらし・手続き
子育て・教育
健康・医療・福祉
観光・文化・スポーツ
産業・経済・ビジネス
市政情報
現在のページ　トップページ ＞ 産業・経済・ビジネス ＞ 入札・契約
入札・契約
新着情報
2020年11月27日　令和2年度一般競争入札公告（物品）を更新しました NEW
2020年11月20日　不調案件一覧（下管第3号）を更新しました
2020年11月17日　工事・コンサル「その他の入札結果一覧」（中建第117号）を更新しました
2020年11月12日　総合評価方式における「ボランティア活動」の実績の取扱いについてのお知らせを掲載します
2020年11月6日　重要なお知らせ（現場代理人及び技術者等の雇用確認資料の提出について）を更新しました
新着情報一覧
入札・契約（物品購入・業務委託）
重要なお知らせ ｜ 入札参加資格・業者登録・登録内容の変更 ｜ 令和2年政府調達（WTO）契約に係る一般競争入札公告 ｜ 令和元年政府調達（WTO）契約に係る一般競争入札公告 ｜ 平成30年度政府調達（WTO）契約に係る一般競争入札公告 ｜ 令和2年度一般競争入札公告（物品） ｜ 令和元年度一般競争入札公告（物品） ｜ 平成30年度一般競争入札公告（物品） ｜ 契約関係規程・様式集（規則、要綱、入札書等） ｜ 入札・契約結果 ｜ 指名停止または資格停止業者一覧 ｜ 入札公告（過年度）
産業・経済・ビジネス
スマート農業企業間連携実証コンソーシアム
ニュースタイルde市場体験～水産物編～
フードテック・アグリテック
入札・契約
成長産業
企業立地
貿易・海外ビジネス
土木・建築
商工業支援
中央卸売市場
農林水産業
食と花のにいがた
広告募集

ホームページのキーワードにチャンスが潜んでいる

そんな地方自治体のホームページの随所にビジネスのチャンスが潜んでいます。例えば、ほとんどの地方自治体のホームページにある「事業者向け情報」、「募集情報」などをクリックすれば、ダイレクトに市の発注に関する情報を手に入れることができます。

トップページには、現在、その自治体がもっともアピールしたい情報が大きく取り上げられています。今は人口減少社会です。U・I・Jターンや地域観光に関する情報が多く掲載されているようです。ここにもチャンスとなるキーワードがたくさん存在していて、自身の担当する商品やノウハウがこうした地方自治体肝煎りの施策に役立つかどうかは発想次第と言えるでしょう。たとえば「我がまちには中国からの外国人観光客が多い」、「我がまちの観光パンフレットはまだ中国語版が発行されていない」となれば、そこにもビジネスチャンスが存在します。ホームページ上に子育て支援に関する情報が多ければ、そこに子育て応援アプリや子育て情報誌、子育て支援関連イベントの開催などのニーズが潜んでいることが想像できます。そんなアイディアをもとに、その地方自治体の現状を調べて、自社の商品やノウハウを武器にして地方自治体へ営業に乗り込むのも一策です。

また、ぜひここでクリアしておいていただきたいのが、**入札参加資格名簿**などに登録しておくことです。「うちはまだ入札参加までは考えていない」という場合でも、入札参加資格を得ていないと最終的に契約にたどり着けないケースがほとんどです。ターゲットになりそうな地方自治体については、早めに入札参加資格名簿への登録を済ませておいてください。

ホームページで「総合計画」を頭に入れるのが最低条件

概ねほとんどの地方公共団体には、向こう10年から20年を見据えた「**基本構想**」、5年程度を見据えた「**中期計画**」などのいわゆる「**総合計画**」が定められています。いずれも熟考を重ねて策定された重要な計画で、地方自治体の仕事は基本的にこうした総合計画に基づいて行われます。

「○○市　総合計画」、もしくは「○○県　基本構想」などと検索すれば容易にその内容を知ることができます。

公に定めた計画ですから、地方自治体は原則として、そこに書かれた事柄を優先して業務を行います。

まず、ここですべきは、営業マンの皆さんの関係する、または関係しそうな事柄が、こうした基本構想、基本計画に記載されているかどうかを確認することです。

「健康」や「観光」、「環境」など、皆さんが扱うモノやコトが直接書き込まれている場合もありますし、「行政改革」や「組織のスリム化」など、暗にＩＣＴ化やアウトソーシングといったビジネスが潜んでいる場合もあるかもしれません。

基本構想も中期計画も見直されることがありますが、直近で見直された事項は特に注目すべき要素です。

年間スケジュールの把握は初歩の初歩

地方自治体相手に営業するにあたって、最も重要なことが、地方自治体の年間スケジュールを把握することです。逆に、スケジュールさえ押さえておけば何とかなると言っても過言ではありません。

時々、12月、1月といった時期に、次の夏に使って欲しい商品を売り込まれる方がいらっしゃいますが、残念ながら、ほとんど成果に結びつかないでしょう。

ご存知のとおり、役所は予算主義です。予め、何をいくつ買うかが決まっていて、それ以外にお金を使うことはできません（例外的な予算措置↓73ページ参照）。

予算は、ほとんどの地方自治体で、2月ないしは3月の議会に、首長が提案し、議決を経て決まります。これが、よく耳にする**「当初予算」**です。他にも、緊急を要する場合などに、概ね3ヶ月に1度開かれる議会に**「補正予算案」**が上程されて、議決される場合もありますが、基本的には3月に議決される「当初予算」をベースに仕事をするのが地方自治体です。

それでは、なぜ12月や1月では間に合わないのか。理由は簡単で、この「当初予算案」の編成作業は、はるか前の8月頃から開始するからです。

私も予算編成作業の一端を担ったことがありますが、担当者が提案資料を作成してから、部署内外のコンセンサスを得る作業は一苦労です。部署内で概ね決定したあとも、何度も予算を司る部署とやりとりを繰り返して、ようやく12月、1月に部署内の予算案が定まります。予算担当の部署はそれから議会における説明に足る資料を作成します。こうした一連の作業のために担当職員は深夜に渡る残業を繰り返します。ですから、先ほどのように、12月や1月に次の夏の商品を売り込むなどという暴挙は、心証を著しく悪くするマイナス効果しかありません。

4月入社の新人は15ヶ月後の翌年7月の契約を目指せ

それではいったい、いつ売り込めばよいのでしょうか。私は経験上、前年の7月がベターだと思います。4月、5月は人事異動や制度の改正で多忙な時期です。6月はほとんどの自治体で議会が開催され、それに向けて課長、係長といったキーパーソンは多忙を極めます。そして、8月、9月頃から予算編成作業が始まりますから、営業マンが売り込んで一番成果に繋がりやすいのは7月となるわけです。もちろん、自治体によっては「通年議会」などと、議会日程が一様に定まっているわけではないので、例外はありますが、ホームページで確認できる範囲の誤差です。

この本を読んでくださっている方が、もし4月に入社したばかりだとしたら、目指すは15ヶ月後の7月です。もちろん、会社からの特別なミッションがあって、入社直後に成果を求められている場合は除きますが、それにしてもタイミングは7月がベストです。

営業の基本は顧客との信頼関係の構築ですから、4月に入社し、徐々に徐々に信頼関係を構築しつつ、この後にも述べる役所独特のセオリーを把握して、来るべき時に備えましょう！

それでは、年間スケジュールの例を見ながら、やるべきこと、留意すべきことを確認してみましょう。

まずは4月です。役所の職員は3年から5年程度で異動します。組織の規模にもよりますが、概ね一つの部署の4分の1から3分の1の職員が異動すると考えてよいと思います。役所の異動は3月の中旬から下旬に発表されます。半月から10日間程度しか業務を引き継ぐ時間がありません。したがって、3月の中旬から下旬、そして4月中は、ゆっくりと営業トークを聞いている時間はありません。この時期の無理な営業活動は心証を悪くするので要注意です。この時期は、お世話になった担当職員が異動する場合には挨拶をする程度でよいと思います。

また、人事異動について知りたいところですが、大都市の管理職であれば新聞報道等により知ることができますが、担当者レベルの人事異動について知ることは簡単ではありません。4月になれば自然と人が入れ替わっていますので、あまり焦らず、面識のある担当職員に聞く程度でよいでしょう。ちなみに、人事異動の内示があった直後は、比較的職員の口が滑らかになりますよ。

10月	11月	12月	1月	2月	3月
○イベント開催多数 →	→	○議会		○議会（翌年度当初予算審議）→	人事異動内示
	翌年度予算編成作業の佳境でバタバタ	年末年始モード →			人事異動内示によりそわそわ 年度末の業務でバタバタ
C	C	D （補正予算に期待）	B （予算残の目的内有効活用に期待）	B （補正予算、予算残の目的内有効活用に期待）	E
・翌年度予算案策定のための協力（参考見積書提出など）→	→	→		・議会の議案の確認（翌年度予算に関する情報、制度改正など）	・議決された翌年度予算の徹底的な把握 ・翌年度事業への参加検討 ・異動する担当者に挨拶

地方自治体の年間スケジュール（例）

月	4月	5月	6月	7月	8月	9月
イベント	人事異動	GW	○議会	○夏休み期間		○翌年度予 策定作業の 格スター ○議会（決 審査）
職員の胸中	とにかく バタバタ	比較的 落ち着く	人事異動した 管理職にとっ ては初めての 議会であたふた	もっとも余裕 のある時期	夏休み ムード	翌年度新規 業の企画な で思案
営業活動おすすめ度	E	B	C （補正予算に 期待）	A	B	B （補正予算 期待）
やるべきこと	・関係部署挨拶まわり ・当初予算の把握	・情報提供 ・当年度事業のスケジュール確認、参加検討	・議会の議案（主に補正予算）の確認	・翌年度予算に向けた営業活動	・翌年度予算に向けた営業活動	・議会の議 （主に補正予 算）の確認

● 年間を通してすべきこと

・国の当初予算、補正予算の把握・関係する自治体の付属機関・懇話会の内容把握
・ホームページにおける募集情報、事業者向け情報などの確認（原則毎日要確認）
・信頼関係を構築するための有益な情報提供

経験上、異動したばかりのこの時期には、名刺交換をしても、ほとんどその後の記憶には残りません。もちろん儀礼として挨拶をすることは否定しませんが、それよりもこの時期にやるべきことは、当初予算がどのように編成されたかを確認して、自身に関わる事業がどのように展開されるかを把握することの方が優先です。職員と一緒にバタバタしていては、せっかくのチャンスをうっかり逃してしまいかねません。ホームページを見たり、職員に確認したりして、じっくりと1年間の営業活動計画を練ってください。

最近は、多忙な年度始めを避けて6月や9月などに人事異動がある場合も多いようですが、いずれにしても、4月は新たな売込みをするのに適した時期ではありません。

次に5月です。比較的、年度当初のバタバタが収まって、7月に次いで売り込むには適した時期かもしれません。ここで売込みをかけるかどうかはケースバイケースですが、必ずやっておきたいこととしては、「有益な情報提供」です。

有益とは、地方自治体にとってと言うより、住民にとって自治体全体を見通して有益ということです。前にも述べたとおり、カタログやパンフレットを渡すだけの営業はNGです。職員が忙しそうなときを避けて、少なくともカタログに付箋を貼るなどして、「これ、役に立つので、ぜひご覧ください」というのが最低ラインです。まだ年度当初のバタバタの余韻がある時期ですから、無理をせず、平常心でコミュニケーションを取れる関係づくりに重きをおいた方がよいでしょう。

そして6月です。ほとんどの自治体で議会が開催されます。もし、あなたの担当する部署の課長が異動したばかりであったり、昇任したばかりであったりしたら、特に注意が必要です。まずはホームページなどで議会日程を確認してください。地方議会には、代表質問や一般質問といった、市長と議員との議論の場が設けられます。一般的には、事前に質問する議員はその内容を通告します。本番の1週間程度前に通告があり、各担当部署が市長の答弁案を作成します。この通告から本番の代表質問、一般質問当日までの間に、売込みのためのアポイントを取るとしたら、かなりのナンセンスです。私が課長や係長であれば、「顔も見たくない」程度の心証を持ちます。

また、議会には本会議の他に委員会が置かれているのが基本です。本会議場での質問だけでなく、条例改正や補正予算を議決するために委員会で説明するのは管理職の仕事です。この委員会の前にアポイントを取ろうとするのもかなりのツワモノです。あまり地方自治体への営業に慣れていない場合は、議会が開催される月のアポイントは避けた方が無難です。

慣れている場合限定の応用編ですが、担当する部署の管理職に、議会での出番があったことを確認して、「議会、お疲れ様でした」の一言が自然と口から出るとすれば、プラスになるかもしれません。ただし、議会でコテンパンにされた後かもしれませんが。

勝負の月、7月！

前述のとおり、私が考える最も売込みに力を入れるべき月が7月です。

8月でもよいのですが、地方公務員の夏休みは「7月から9月までの間に5日間程度取得できる」というのが一般的で、8月は、お盆もあって最も夏休みを取得しやすい月です。担当する職員全員が揃わない場合が多いのが実態です。せっかく上手に売り込めても、そのタイミングで上司がいなかったり、関係する職員がいなかったりすると、そのまま話が流れてしまう危険性もあります（本来はあってはならないのですが…）。

7月上旬に、丁寧にアポイントをとって、翌年度予算で取り上げて欲しいアイディアや商品をじっくりと説明する時間を取ってもらいましょう。前にも述べたとおり、これ以前の努力は、この時のためにあるようなものです。入念な準備で臨みましょう。

翌年度の予算に向けてアプローチするには7月が最適！

翌年度予算の編成作業はすでに始まっている

せっかちな管理職であれば、その部署の翌年度予算編成作業は、8月からスタートします。管理職は、自身の部署に与えられたミッションを踏まえて、翌年度の事業展開をどのように行うか、考え始めるのが8月から9月です。

特に、首長肝煎りの部署であれば、新たな事業の立ち上げを課せられることも踏まえ、事業の組立てに頭を悩ませます。この時に、7月以前に売り込んだアイディアや商品が組み込まれれば大成功です。

9月、10月にも議会があり、ほとんどの自治体の議会で、この時期に前年度の決算が適正であったかの審査を行います。決算の審査は部署ごとに行われますから、6月で述べた以上に管理職の出番は多く、忙しい時期です。この時期に売込みのアポイントを取るとしたら、必ず議会日程の確認が必要です。

また、秋には多くのイベントが開催されます。担当する部署でイベントを開催するとしたら、一住民として参加したいものです。その部署のことをよく知ることができる以上の成果が後々表れてくるでしょう。

11月になると、翌年度予算編成作業が佳境に入ります。もし、この時期に参考見積を依頼されたら、できる限り協力すべきです。もし、提出を依頼された見積もりの内容についてアドバイスできることがあれば積極的に情報提供してください。職員は、忙しいときに協力してくれた人、企業のことを冷淡に扱うことはありません。何より、こうして一緒に汗をかくことが、営業相手であるお役所について知るための最善の勉強法です。

例外的な予算措置

例年行われる予算編成作業（当初予算編成）とは異なるスケジュールで行われる例外的な予算措置が、予算の補正、すなわち補正予算です。

突発的な事象や、国策の追加、変更に対して、地方自治体の予算を修正するものです。

突発的な事象の具体例は、今般の新型コロナウイルスの感染拡大や災害、そして事件・事故です。これは、当該自治体で起こったかどうかにかかわらず、住民に安心を与えるために緊急的に予算をつけて施策を講じます。当然、当該自治体で起こった災害、そして事件・事故であればその規模は大きくなります。このような時にこそ、地元のために一肌脱いで、積極的な提案をしていただきたいものです。ただし、緊急対応中の担当部署への無理な営業活動はご法度です。

予算残額の有効活用というチャンス

12月になると、当年度予算がどのくらい余るか、もしくは足りないかを計算する、「決算見込み」の作業に入ります。よく、「年度末になると道路工事が多くなる」と言われることがあります。もちろん計画的に年度末に工事を行うことがほとんどですが、予算が余る場合に、同じ目的の予算を工事に充てる場合もあります。本来、予算は当初議決された際の用途以外には使うことができませんが、首長に与えられた「執行権」の範囲内で、同じ目的を達成するためであれば、当初の予定以外の箇所にも予算を使うことができます。簡単に言うと、「住民が安全に道路を利用できるため」という目的の予算であれば、年度途中に傷みがひどくなった道路を新たに補修できるという具合です。

もしこの時期に、あなたの担当する部署に売り込みたい商品やアイディアがあれば、お正月休み明けも一つのチャンスです。しかし、絶対に「予算あまりますよね?」などと余計なことを言ってはいけませんよ。

年間を通じて行うべきこと

3月になると、再び人事異動という大イベントを迎えます。基本的にこうした年間スケジュールを繰り返すのが地方自治体です。

そして、時期にかかわらずやるべきことがあります。まずは、新聞を読むことです。地方自治体の動きは、地元で起きていること、起ころうとしていることに左右されるのはもちろんですが、国の動向も自治体に大きな影響を及ぼします。国の制度改正や予算編成は、そのほとんどが自治体を通じて国民に影響を及ぼします。地方でＩＣＴに関わる仕事をしていて、国のＩＣＴに関わる施策、例えば補助制度であったり、減税であったり、そういった動きに無知であったとしたら、自治体の営業担当者としてはかなりのマイナスです。国策が地方レベルに降りてきてから準備をしているようでは手遅れです。先手先手で攻めるためには、一番有効な手段は新聞です。もちろん、インターネットで毎日「ＩＣＴ」と検索しても構いませんが、かなりの手間ですよね。新聞は安価で有効な情報入手ツールです。

また、自身が関係する部署が開催する自治体の付属機関、懇話会などを傍聴したり、ホームページなどで情報を入手することも重要です。例えば、介護事業に関する仕事であれば、「○○市介護事業推進協議会」のような機関が設置されている場合がほとんどです。原則、傍聴可能ですから、時間が許せば傍聴することをおすすめします。まずは、あなたの仕事に関係する付属機関が自治体に設置されているかどうか、付属機関の一覧や関係する部署のホームページで検索することはマストです。

そして、必ず毎日行って欲しいのが、自身が担当する自治体のホームページの、「**募集情報**」や「**事業者向け情報**」などのページをチェックすることです。

一般競争入札や公募式のコンペ、プロポーザルは必ずと言っていいほどホームページに掲載されます。営業マンの皆さんには、少し意地悪だと思われるかもしれませんが、「見ていなかった」は言い訳になりません。私の経験上、かなりの情報通でも、見逃しているケースが多いのが現状です。自治体によって、ホームページを更新する時間帯は様々ですから、あなたが担当する自治体のクセを知るためにも、ぜひ毎日続けてください。無料で簡単にビジネスチャンスを掴む攻略法の一つです。

議会、選挙などの日程把握は基本中のキホン

「いつも愛想よく挨拶に応じてくれる課長に、無愛想に無視された」。こんなことが急に起きるのも「お役所アルアル」です。もちろん、様々な理由があるとは思いますが、こうした変化に一喜一憂しないためにも知っておきたいのは議会日程です。課長や部長、局長といった管理職は、そのセクションを取りまとめるリーダーの役割とともに、地方自治の根幹である議会での対応を行うという大きな役割があります。（私はまだまだ若輩ですが）強面《こわもて》で鋭い質問をしてくる民意を背負った議員と相対し、整然と答弁するためには、相当の準備が必要です。普段は残業や休日出勤をしない課長職の職員も、議会対応となると、時間を忘れて働く姿が思い浮かびます。自治体によっては多少の差はありますが、6月、9月、12月、2月、3月に「急に無視された」としたら、議会の準備中ということも十分予想できます。もし、議会のホームページがあれば、開会中の議会日程が掲載されている場合が多いので、見ておくと役に立ちます。売上げに直結するかどうかは別にして、「課長、昨日は議会、お疲れ様でした」などと声を掛けられれば、嫌な気分になる課長はいないでしょう。

その他にも、首長への事業説明や住民説明会の開催、担当する大規模なイベントなど、普段は組織のリーダーである課長職が別の顔を見せる機会がいくつかあります。中にはホームページや新聞などで確認できるものも多いので、「相手を知る」努力は大切です。

マメで地道な人脈づくりこそ売上げ向上への道

先にも述べたとおり、民間の力なしには成り立たないのが「お役所」とはいえ、多くの特殊なルールがあって、なかなか取っ付きにくいのも「お役所」です。職員は「公平性」、「公益性」を重んじます。真面目で熱心な職員ほど、「市長は私の友達の弟なんです」なんてセリフは信頼関係を構築する上で逆効果でしかありません。そんな「飛び道具」のようなセリフよりも、プロとして、自身の持ち得るノウハウを住民に役立ててもらおうという気持ちで地道にお付き合いすることが大切です。

絶対に潰れない「会社」、頑張っても給料が上がるわけでもない「会社」で頑張っている職員は、自ずとリスクを排し、公益性、公平性のない癒着を嫌います。

夜の接待や裏取引きが厳しく禁じられているからこそ、ありのままの自分を認めてもらえる仕事場とも言えます。正々堂々と、地道に人脈を広げて、笑顔で挨拶できる関係を築く。営業マンの皆さんなら当たり前の心構えが最も効果を発揮する場、「お役所」で、ぜひ売上げアップを狙ってください！

営業活動に議員は使えるか

地方議員には、大きく分けて三つの役割があります。

①住民が納めた税金の使い方が適正であるかというチェック
②現状のルール（条例や規則）が時代に合っているのかというチェックと改正や制定
③地方行政をこうすべきという提言

営業マンの皆さんが地方議員と相対する際に心にとめておいていただきたいのは、あくまで、これから議員に伝える話が、この三つのどれかに当てはまるかどうかです。

議員は、一営利企業の儲けのために公の権限を行使することはできません。これは、議員に限らず、公務員の鉄則です。しかし、この三つに当てはまることであれば、堂々と議員に訴えていただくことができます。ただし、その後の発注までのプロセスは法令や規則に基づいて公平に扱われることは当然です。

以下、私が現職議員として受けた要望をご紹介します。

市が行う健康診断の通知のデザインと発送作業を我が社に任せてほしい

前記の①に該当します。他都市でも実績があり、そもそもデザイン力で採用されたわけでない職員がデザインの善し悪しを判断することは難しいし、高い人件費で働く公務員が健康診断の通知を封入するのは税金の使い方としては疑問があります。もちろん、委託業者は入札等で決まるため、私に提案してきた企業が受託するわけではありませんが、自治体としては省力化が図られ、職員は、より優先順位の高い業務に専念できるし、企業側としては、マーケットが拡大することになり、双方にメリットがあります。

犬や猫の殺処分ゼロのために、高齢者向けのセミナーを開催したい

前記の③に該当します。ペットに関する業界が、高齢者が寝たきりなどでペットを飼育できなくなる状況を防ぐために、行政とともにセミナーを開催したいとの要望です。行政としては、当然殺処分ゼロはあるべき姿であるし、業界にとっても、ペットが不適切な飼育をされることによって「単身高齢者がペットを飼っているのは要注意」などとイメージダウンに繋がってしまうため、双方にメリットがあります。そもそも、殺処分ゼロは、行政の力だけでは達成不可能だし、飼い主不在のペットを飼育し続けることは相当のコストを要するため、公民連携が不可欠な典型的なケースです。

このように、時には議員を使ってビジネスチャンスを広げることも不可能ではありません。

そのためにも、選挙の際には、どの議員が、どのような分野を得意としているかを知り、投票してください。

第3章

知らないと失敗する「お役所」の七不思議

なんでこんなに反応が遅い？

「お役所」とお付き合いしている方であれば一度は感じるのがスローなテンポ。技術の進歩が急激で、新商品が1年で旧型になってしまう昨今では、保守的な「お役所」のペースにイライラされる方も多いのではないでしょうか。

「お役所」特有の「決まるタイミング」とは？

民間にはなく、地方自治体独特の「決まるタイミング」の代表例は「議会における議決」です。「4月からの仕事をもらったのに、契約は3月末にならないと締結できないと言われた」など、「お役所仕事」に慣れていない方なら首をひねることも多いのではないかと思います。補助金の類いも同様。内示はあったのに、決定が4月1日ということが多々あると思います。

これは、「3月に開催される議会で翌年度の当初予算案が議決されるまで待ってね」ということです。地方自治体は二元代表制、すなわち首長と議会とが議論し、議会の議決を経てあらゆることが決定されます。予算も同様で、市長が予算案を議会に提案して、議会が多数をもって議決することによって正式決定となります。

現実的にはほとんどの自治体で予算案が原案のとおり議決されます。もちろん、議論の結果、否決されることもありますが、首長にとって自身が提案した当初予算案が議会で否決されるなどという事態は、自身が否定されたに等しいことですので、あらかじめ議員の意見を聞く場を設けて、説明を行うのが通例です。もちろん否決されることもありますから、ある程度決まっていることでも「3月末＝議決されるまで待ってください」となるわけです。

職員は勇み足を極端に嫌います。万が一、予算案が議決されていない段階で、さも議決されたような振る舞いをして、それが議員の耳に入り、そのことが発端で予算案が否決でもされようものなら、取り返しのつかない大失態です。

年度末のやりとりの背景には、こうした仕組みがあるという前提で動きましょう。

また、「決まるタイミング」となる大きな要素の一つとして、「首長の選挙」があります。行政は継続するのが原則ですから、本来はあってはならないことですが、職員の立場になれば、明日市長が代わるかもしれないタイミングで大きな決定をするかと言えば、やはり消極的になってしまうものです。

また、人事異動も「決まるタイミング」に大きく関わります。これも善し悪しで、本来あってはならないと私自身は思いますが、人事異動が決まっている時期に、次の担当職員が実行する仕事に関する決断をするかといえば、本音はＮＯです。

その他にも、全国的な問題の発生、事件・事故の発生や、地方議員選挙など、「決まるタイミング」に影響を与えるものがあります。

ここで申し上げたいのは、職員の怠慢によって決定が遅れることは、ほとんどないということです。職員の怠慢を疑う前に、その背後に隠れた要因を探る方がその後の営業活動に繋がると考えていただいて結構です。

なんでこんなに審査が厳しいのか？

請求書の様式、契約書への印鑑の押し方、企画コンペやプロポーザルの提案書の書き方や内容など、提出する書類に関する決まり事は多種多様です。これは自治体によってかなり差があるのではないかと思います。

なぜこのようなヘンテコな決まりがあるのでしょうか。それは、職員の「秩序を守りたい」という本能的な習性に起因します。

例えば、民間企業同士の契約であれば、もし、そこに著しい齟齬《そご》があって、若しくは著しく不誠実な対応があったとすれば、法律に則って協議を行い、最終的には訴訟という手続きが残されていますが、行政にはその前提がありません。

そもそも、行政が騙されて、民間企業を相手取って裁判を起こすなどという想定はなく、もちろん予算主義の「お役所」にそのような裁判費用の予算は盛り込まれていません。

したがって、自治体は慎重に慎重を期して事にあたるのが通例です。さらに、リスクを回避するために行われるのが、「前例踏襲」と「マニュアル化」です。

職員にとって、何か事故があった場合に、前例に基づいて業務を行ったか、マニュアルに基づいて業務を行ったかということが自身を守ることに繋がります。

もし誤りがあったとしても、それが前例、マニュアルに基づいたものであれば、個人でなく組織の責任となるわけです。このことを、一市民として非難することは自由ですが、これが現実です。もし、煩わしい手続きを課せられ、納得できなかったとしたら、丁寧にその理由を聞いてみてください。そこで、「前例がないので、お答えできません」などと答えが返ってきたら、それ以上突っ込まず、指示に従うのが得策です。そもそも秩序を保つことが行政の大きな役割の一つです。その方策について変革が必要なのであれば、それは政治の役割です。ぜひともお近くの地方議員に申し付けてください。

また、請求書や契約書などの会計関係書類の体裁や記載方法にやたらとうるさい担当者もいると思います。この場合、その担当者の嗜好の場合もまれにありますが、ほとんどが、自治体の会計担当者や監査委員の意向を汲んでいると考えた方がよいでしょう。すなわち、担当者の本心は、「私もどうでもよいと思っているのですが、支払いをする会計担当部署が記載方法を事細かに指示してくるので、私にとっても、あなた（企業側）にとっても、素直に従ってもらった方が早くお支払いできますよ」というものです。

そして、このことについて自治体職員を辞めてから思うことは、「とかく、自治体職員は、見積もりや請求書を作ったり、持参したりすることは、当然無料で、嫌なら自治体と契約しなければよい」と乱暴に考えがちだということです。営業マンの皆さんは、多数の取引先と連絡を取り、やるべきことを整理して、締め切りまでにこなしています。営業経験のない自治体職員にとって、こうした認識は希薄です。多少のことは目を瞑《つぶ》るとして、あまりに高圧的であれば、行政のあり方をチェックする地方議員の出番です。

コンペはどうやって決まるのか？

以前、ある企業の社長さんから、このような相談を受けました。

「補助金を受けるための提案競技（コンペ）に参加した。ウチはいつも次点。きっと相手には大物政治家が付いていて、相手が勝つと決まっているデキレースなんだ」

私は、まさかと思いつつ、その補助金の金額を調べてみると、金額は1000万円。提案を審査するメンバーは5人、全て外部の委員で、地元大学の准教授などの専門家です。そして、負けた点差は100点満点中2点。すぐさま、その社長さんに、「そんなこと、絶対ないですよ」と即答しました。

私も、在職中に提案競技の事務を行ったことがありますから断言できます。たった1000万円のお金のために、不正を行う職員や議員、審査委員は存在しません（もちろん1億円でもいませんよ！）。企画コンペやプロポーザルなどの提案競技の準備は大変です。事前に外部委員に競技方法について説明し、審査日当日に円滑に審査が進むよう、入念に準備します。

私はその社長さんに丁寧に説明しました。内容は、「そもそも、5人の審査委員がいて、大物政治家の見えざる力が審査委員に及んでいるとしたら、少なくても2点差ではなく、5

点差は付いているはずだということ」、「1000万円のために、教授を目指しているであろう地元大学の准教授が不正を働くかということ」、「大物政治家は管理職とはコミュニケーションを取るが、それを部下が忠実に実行するとは思えないということ」です。説明後、その社長さんは納得してそうした事実を受け入れられました。私は、「審査結果を真摯に受け止めて、至らなかった項目について反省し、改善策を講じてはどうですか」とアドバイスさせていただきました。決して、このアドバイスが功を奏したとは思えませんが、その社長さん、次の提案競技もその次の提案競技も連勝でした。疑心暗鬼で悶々と考えるだけの時間を過ごすよりも、結果を受け止めて、次回以降に活かすことの方がはるかに有意義です。

そして、1000万円のために不正に加担する地方議員はいないことも、ここに断言します。もちろん、1億円であろうが、100億円であろうが、ですよ。

首長が代わると営業チャンスが激変するのは？

「お役所」相手に営業されるあなたが、必ず行わなければならないことに、「首長の選挙の際の公約集、マニフェストを熟読する」があります。

必ず全候補者の公約集、マニフェストを熟読してください。首長は、選挙で選ばれた以上、選んでくれた市民のために、必ず「色」を出そうと努力します。

落選した候補者と異なる公約を掲げた場合には、なおさらです。

もし、そうした公約に自身が扱うカテゴリに関するものがあれば、チャンス到来です。とはいえ、これまで述べてきた通り、チャンスが到来した時に営業活動を開始するのでは手遅れです。正確に言えば、これまでの地道な営業活動が花開くチャンス到来といったところでしょうか。

最近、選挙権年齢の引き下げに伴って、若年層の投票率の低さ、政治への関心の低さが取りざたされることが多くなりましたが、首長選挙ほど政治について身近に感じ、生活や仕事に直結するものだと実感できる機会はありません。

しかしながら、ここで述べてきたことは、あるべき姿とは逆で、自身のビジネスに関する政策の優先順位を高くしている首長を応援するのが政治参加であり、当選させることが政治参加であります。もちろん、高らかな理想を掲げて、大きな夢を抱かせてくれるのが首長、政治家の役割であることはもちろんですが、優先順位をつけることも政治家の大きな役割です。「自分の会社が儲かって、家族の生活が豊かになる」そんな当たり前の希望を叶えるために投票することも、至極真っ当だと私は考えます。

右派、左派などのイデオロギーで選ぶのも選挙。地域の当面の課題に対する考え方や政策で選ぶのも選挙。家族や友人に障がいのある人がいるから、障がい福祉に熱心な公約を掲げている人や政党を選ぶのも選挙です。どの政党のだれを選ぶかも自由であれば、どの観点で選ぶかも自由です。私見ですが、せっかく家族や団体単位ではなく、個人に選挙権が与えられているのですから、あまり大上段に構えずに、「私はこうだから、この観点で、この政党（もしくは無所属）のこの人を選ぶ」でよいのではないかなと思っています。現在は若年層よりも、高齢者の方が人口（＝票数）が多い時代です。しかしながら、若者が若者なりの投票行動をとって、若年層の投票率が著しく上がれば、たとえ票数が少なくても、政治は若年層の方に向きます。

とにもかくにも、「お役所」をビジネスパートナーにする以上、政治に無関心は論外です。それは、先にも述べた通り「お役所」は、決まりと政治で動くからです。

補正予算、新部署創設が千載一遇のチャンスとは?

首長選挙の他にも、いくつか訪れる営業のチャンスがあります。

例えば、補正予算です。皆さんも、新聞の1面に、「大型補正予算案衆院通過」などといった国会に関する記事を目にされたことがあると思います。一見、「自分が顧客としているのは地元の市町村だから、国会で決まったことは関係ない」と思いがちですが、そんなことはありません。国の予算のほとんどは、国民のため、すなわち市町村に住んでいる人たちのために使われます。解散総選挙後、内閣改造後などに行われる補正予算案の策定は必ずと言っていいほど市町村の施策に影響を及ぼします。国が直接、国民や企業に交付する補助金などもありますが、ほとんどは自治体経由です。景気対策や、人材確保策、少子化対策や生産性向上など、様々なテーマで税金が再配分されます。そうした施策に直接関係ない業種でも、間接的に売上げに繋がるケースも多くあります。例えば、保育人材の確保のための予算が国から自治体に交付された時、その制度を周知するためにポスターを作ったり、チラシを作ったりするなどということは日常茶飯事です。

また、新しい部署ができた時もチャンス到来です。昨今は、行政コストをできるだけ省くのが役所のセオリーです。そんな中で新たな部署を立ち上げるとすれば、「我々は今後、この分野について重点的に投資します」と宣言しているのと同義です。そのような部署には、多くの予算が配分され、ダイナミックに事業が展開されます。最近では、少子化対策や、子育て支援、健康寿命延伸、介護保険制度における地域包括ケアシステムの構築など、重要課題を解決するために、新たな組織を立ち上げて事業を展開しています。直接、自身の業界が子育て支援や介護などと関係していなくても、新事業を契機に、広報やシステム開発、施設設備の設置など、あらゆる需要が発生することは間違いありません。

新たな部署を立ち上げた時に、何が起き、何が必要とされるのか、想像力を発揮して、積極的に売り込むことが売上げアップに繋がります。

こうした補正予算や新部署立ち上げについても、一つの自治体で採用されれば、同様に他の自治体でも需要があることが容易に予想できます。

補正予算や新部署創設で新事業を立ち上げる時がビジネスの大チャンス!

若い職員を侮ると、痛い目に遭うわけとは？

これまで話した通り、地方自治体にはキーパーソンがいて、特に係長との関係がとても重要、そして、実質的な決定権者は課長であり、こういった役職の職員との関係性が重要です。ただし、これが絶対と言えるかというとそうとも限らず、時として、若い職員がその部署で最大のキーパーソンである場合も少なくありません。

例えば、20代後半、30代前半の職員が、その部署で一番のベテランということもあります。また、やる気のある若い職員ほど物事を動かす力の持ち主はいないと言っても過言ではありません。

若い職員には、正義感や地元への愛着が深い職員が少なくありません。例えば、営業マンとして地元でのイベント企画を提案する場合に、会社の規模やこれまでの実績をひけらかすだけでなく、実際にイベントを開催する場所に詳しかったり、主催者側の趣旨をしっかりと理解した上で提案したりと、真っ当な直球勝負は、年輩の職員よりも若い職員の心に響きます。そして、長い目で考えても、そういったやる気のある若い職員がいつか、係長になり、課長になって、行政を背負っていくわけです。頑張っても給料が上がりにくい、そして、多少怠けても身分を失う心配が少ない公務員であるにも関わらず、やる気を持って頑張り続ける若手職員は、大切な地域の資源であるとともに、営業相手としても、大切にすべき存在です。

今は、30代半ばで係長に昇任する職員も少なくありません。あなどっていた若手職員が、新年度、契約の年度に最大のキーパーソンになるかもしれない、そんなこともイメージしておく必要があります。「若い職員と言えども、あなどることなかれ！」です。

また、ＩＣＴやＡＩ、ＩｏＴが行政の業務を効率化し、職員は、人間でないとできない相談対応や柔軟な制度運用などに専念できる時代です。「年輩の職員はＩＣＴに疎い」と決めつけるのはよくないかもしれませんが、一般論として、若い職員の方が日頃から最新技術に囲まれて生活している場合が多く、ＩＴ親和性は高いでしょう。

営業マンとして、業務の効率化を目的とする最新技術を売り込む時に、年輩の職員に「これを使えば年間の残業が１００時間減ります！」と売り込むよりも、ＩＴ親和性の高い若手職員に、「このシステムのこの機能が皆さんの業務の代わりに働きます。職員の皆さんは、この部分だけを担っていただくことで、残業は１００時間減ります」と具体的にアピールして、それを上司である年輩の職員に伝えてもらうことによって、営業活動は進めやすくなります。

伊丹市では、保育所の入所選考作業にAIを導入しています。これにより、職員の負担は大幅に軽減し、かつ入所決定通知の発送が2週間早まったそうです。私も職員時代に保育所の利用調整の仕事をしたことがありますが、夜を徹しての大作業です。この一部をAIに任せて省力化し、短縮した時間は、障がいのある子どもの入園や複雑な家庭環境、職場環境にある保護者に丁寧に寄り添って相談にのり、柔軟に対応するような、まさに人間にしかできない仕事に時間を充てられます。

ただでさえ保守的で、現状を変えることが難しい「お役所」です。若い職員とうまくコミュニケーションを図ることによって、売り込むチャンスは広がります。「若い職員と言えども、侮ることなかれ！」です。

第4章

地方自治体で成功する営業のツボはこれだ！

まずは職員の当たり前の気持ちを受け入れる

ズバリ！　地方自治体で成功する営業マンになるための必要条件は、「職員の立場を理解できること」です。

まず、頭に入れておいていただきたいこととして、

①そもそも、なぜ職員になったかを考えてみる

若手営業マンの皆さんに考えてみていただきたいことの第一に、「そもそも、目の前にいるこの職員は、なぜ地方自治体の職員という職業を選んだのか」ということです。

この本を読んでくださっている皆さんにも、「なぜ私はこの仕事を選んだのか」という動機があるはずです。それと同じように、いや、それ以上に地方自治体の職員には、強い動機があります。おそらく皆さんは、「収入が安定している」、「クビになることがない」、「役所はつぶれることはない」などと想像すると思います。確かにその動機もあるでしょう。しか

し、私は、「競争社会を選ばなかった」という動機が一番大きいのではないかと思っています。民間企業に就職すれば、多かれ少なかれ、売上げや利益など明確な尺度に基づいた競争にさらされます。そこには、同期入社の中での比較や、同業他社との比較等々、無数のプレッシャーがあるでしょう。努力や知識だけでは成果は得られず、運やタイミング、人脈の多寡など、様々な要素が絡んだ競争があって、結果として業績向上に繋がっています。

極端な言い方をすると、地方自治体の職員を選んだ者は、この競争社会を選ばなかったと言えます。競争社会で活躍されている営業マンの皆さんからみると、「スピード感がない」とか、「真剣味が感じられない」と思うことが多いでしょう。ただ、「競争社会を選ばなかった」という事実を否定しても何もいいことはありません。まずはこれを受け入れてください。

②職員は怠けても解雇されるほどのペナルティは少ない

これも、善し悪しは一旦置いておいて、事実として受け入れてください。もし、あなたが勤務時間にまったく営業活動を行わなくてもクビにもならない、そして、会社も潰れないとしたらどうでしょうか。それでも愛社精神で愚直に頑張れますか？

この2点、これを素直に受け入れ、理解した上で地方自治体への営業に当たるか否かで、あなたの営業成績は大きく変わり、そして、営業活動によるストレスも大きく増減します。

ここで、「けしからん!」と嫌悪感をあらわにした時点で営業活動はうまくいかない、もしくは大きなストレスを抱えることになります。

ご安心ください。先ほどの2点が事実だとしても、頑張る職員が存在するのが地方自治体の不思議なところであり、素晴らしいところです。

また、「全体の奉仕者」という意識が強いのも職員の特徴です。当たり前のことですが、営業マンの方の中には、この言葉を理解されていない方が多いのが現状です。間違いなく言えることは、「あなたのため、あなたの企業のために頑張る職員は一人もいない」ということです。どんなにあなたが売りたい商品が優れていても、順序というものがあって、先ほどの2点のような性質の職員に認められなければ、採用されることはありません。

されど一生懸命頑張る職員は必ずいる!

元職員として、一議員として、確実に言えることが「頑張っても給料が上がるわけではないのに、そして、怠けてもクビになるわけでもないのに、役所が潰れて失業することもないのに、それでも頑張る職員は存在する」ということです。

そのモチベーションは、正義感なのか、出世欲なのか、自己実現欲求なのか、周りから認められたい、嫌われたくないという動機なのか、職員によって様々だと思いますが、部署に1人は必ずいると断言できます（もしいなかったとしたら、首長や議会、議員の責任です）。もし、担当する部署にも必ずいる、こういった一生懸命な職員が営業相手だとしたら、本当にラッキーです。

私が職員時代の先輩にも、正義感が強く、誠実で、首長の意向を汲み取り、公僕として愚直に仕事に取り組む先輩、同僚がたくさんいました。自治体の職員は、法律や制度の枠の中で仕事をするのが本来の姿です。それにもかかわらず、自分個人の利益には全く繋がらないのに、将来世代のことを考え、限られた制度の中で精一杯努力する姿は公務員の鏡です。もしも、営業活動の中で、こうした職員に出会ったとしたら、癒着と言われないよう、しっかりとけじめをつけて、一献傾ける機会を持ちたいものです。少人数だと誤解を招くこともありますから、不特定多数の有志を集めて、異業種交流会などを開催するのも有意義です。

公務員相手の接待は違法ですが、誤解を恐れず申し上げれば、地方都市の活性化を夢見る熱い志をもった人たちが、まちづくりについて語る場は、官民の区別なく、あってしかるべきと考えています。

こうした熱心な職員も、働くステージが異なる民間企業の皆さんと交流することは、自身の成長にも繋がり、また、仕事上有益な情報を入手できる機会を得られるわけですから、積極的に参加したいと考えるものです。役所の窓口でいきなり「飲みに行きませんか？」と誘うのは憚《はばか》られるでしょうから、複数の企業の有志で異業種交流会を企画して、チラシやSNSで誘ってみるのがおすすめです。もちろん交流会は商談ではありませんから、その場で仕事を受注することはあり得ません。ただ、窓口では冷淡な職員が、プライベートでは意外とフランクで、窓口での対応が悪意あるものではないことはすぐに分かるはずです。交流会の目的は、「職員の本音を知ることができる」そう思って臨めば、必ず明日以降の営業活動の糧になります。

「納税者」と「ビジネスマン」をしっかりと使い分ける

「どうして話すら聞いてくれないんだ！　俺だって税金払ってるんだぞ！」なんて思ってしまったらゲームセットです。地方自治体への営業法として、しっかりとわきまえなければならないのは、「納税者」という立場と、「ビジネスマン」という立場をしっかりと切り離す、使い分けるということです。納税は国民の義務です。納税したことによってビジネス上のインセンティブが発生する世の中など、成り立つわけがありません。

職員は、「税金で食べているくせに」、「俺の税金がなければ生活できないんだぞ」などという苦情を一度はいただきます。しかし、そういった苦情は少し的が外れていて、正確に言えば、「税金で雇われている職員が全体の奉仕者として仕事をすることによって社会が回っている」わけで、それをいうなら、「あなたたちを雇用している税金分は働いてもらわないと社会が回らないんだぞ！」と言ったほうがクレバーかもしれません。

いずれにしても、営業マンである限り、相手が税金で雇われている人かどうかなどということは忘れることが一番の攻略法です。

良くも悪くも学者のお墨付きが大きい

「この領域では、全国で第一人者である地元○○大学の○○先生が監修してくださっています」これもかなりの殺し文句、攻略法の一つです。

特に、現在予想できない出来事に対処するツール、例えば災害対策や健康増進など、素人では予測したり証明したりすることが極めて困難な業務については、その道の専門家、研究者である学者の先生のお墨付きは効果があります。

例えば、市長や知事が、「我がまちの健康寿命を延ばしたい！」と意気込んでいたとします。一般的に考えれば、健康寿命を延ばすためには、「運動した方がいい」、「塩分控えめの食事をとった方がいい」などと思いつきますが、そのような素人の思いつきで住民を納得させ、健康寿命を延ばす取り組みを進められるとは思えません。素人考えで、「毎日運動を！」、「塩分控えめの食事を！」などと取り組みをスタートしても、その年の夏が猛暑で、運動中に熱中症になったり、塩分の控えすぎが原因で体調を崩す人が出てしまったりしては、元も子もありません。

そんな時に頼りになるのが大学で健康寿命延伸について研究している先生の知見です。おそらく、健康寿命を延ばす方法にも諸説あると思いますから、一概にどの先生の理論を信じるかは首長の判断ということになりますが、少なくとも、素人考えの思いつきの取り組みと比べれば、格段の説得力があるはずです。また、専門家の研究に基づいた知見であれば、体系的に精査されていますから、ぶれることがありません。一本筋の通った、どっしりとした取り組みが可能です。

災害対策も同様です。このまちにはどのような災害が起きる可能性が高くて、その災害による被害を最小限に抑えるためには、どのような対策が必要なのか、感覚的には分かっていても、それが理論的に正しいのか、また、住民を納得させられるものなのか、とても難しい問題です。また、具体的な対応策については、最近起こった大災害で、被災地ではどのような対策が取られ、どれが効果的だったのか、そのすべてを把握して検証し、わがまちに当てはまるのかどうかを判断するのは素人が処理するには難しすぎる業務です。

そのようなときに、地元の大学に災害について研究している先生がいるとすれば、とても頼りになります。震源地や地震の規模の想定、被害の予測など、研究に基づいた情報であれば、住民の納得に繋がりやすいものです。また、その先生が効果的な災害対策について研究されていれば、その知見を生かして具体策を検討することがとても効率がよく、説得力もあります。

行政は、現在起きている課題を解決する仕事が多い一方で、今後起こり得る問題や課題の解決に取り組むことが求められます。「大きな木が邪魔をして交差点の見通しが悪い」という課題であれば、「木を切る」、「カーブミラーをつける」など、解決策は比較的容易ですが、今、目の前にないことに対応するのは難しく、そこには相当の説得力が必要です。もし、皆さんが扱う商材が、このように将来のために役に立つものだとしたら、そこにはそれを証明する後ろ盾が必要で、それが大学の先生や、研究所の知見である可能性は高いと考えます。

この文節のタイトルに「良くも悪くも〜」と書きました。専門家の知見はそのほとんどが行政の取り組みに有益で、必要なものです。ただし、ありがちな失敗例が、「専門家への丸投げ」です。取り組みを行うのはあくまでも行政であって、大学の先生ではありません。それを勘違いして、大学の先生のノウハウをすべて鵜呑みにして、結果的にほとんど効果が得られなかった取り組みを私は知っています。営業マンの皆さんにお願いしたいのは、ご自身が扱う専門家の知見に基づくアイディアや商品を自治体が採用した場合に、理想と現実に乖《かい》離《り》がないかどうかをチェックすることです。

例えば、糖尿病予防に抜群の効果がある健康器具があったとします。その器具は1台200万円。これで糖尿病患者が激減するとすれば決して高い商品ではありません。この器具を市営の体育館に各1台設置して市民の皆さんに使ってもらうとします。理論的にはとても良さそう。でも、糖尿病予備軍の皆さんが、果たして体育館に来てくれるのか、そもそも体育館に来てくれる人なのであれば、糖尿病予防がきちんとできている人がほとんどなのではないか、など、わがまちを見渡して、その器具の設置場所を考え、提案することが営業マンの皆さんに期待したいことです。

初対面で売買の話は即アウト！

絶対にやってはいけない失敗が、初登場、初対面での強引なセールスです。

先にも述べたとおり、職員は全体の奉仕者です。まず今日、あなたに売り込まれて、あなたから買う約束をすることは120％ありません。111ページの図をご覧ください。役所が新たな物品を購入したり、業務を委託するにいたるまでのプロセスです。

職員は、まず、その商品、アイディアが住民のためになるものなのかを判断します。そして、それを導入することによる副作用を洗い出します。その後、その商品を購入する際に、競争が成立するかを判断します。また、競争が成立しない場合（例えば特許がある場合など）には、競争させずに1社から購入するほどの優位性があるのかを検討します。

ここまできて、初めて予算を確保するかどうかの検討に入ります。前述のとおり、予算は前年の秋頃から策定作業が始まって、決定するのは年度末、4月の新年度からお金を使い始めるわけです。あなたが売ろうとしているその商品が、運良く確保された予算の目的に合致していたとしても、すでにそこにはライバルが存在しています。予算を確保するためには、参考見積を取る必要がありますから、その予算を使う対象があなただけということは絶対にありません。

また、翌年度の予算に組み込む場合にも、かなりのプロセスを経ることになります。費用対効果などの金額の妥当性や適法性、他都市の導入例や類似商品の洗い出しなど、ありとあらゆる角度から精査を重ねて初めて予算案のたたき台に加えるかどうかといったところです。

職員の立場からすると、会ったその日にセールストークを展開するなどもってのほかで、その後に延々と続く予算確保のための地道な作業に耐えられない人だなという烙印《らくいん》を押されるだけです。

まずは、自分が地元住民のためになりたいという気持ちで接し、信頼関係をゆっくりと構築して、タイミングよく売り込む。こうした地道な努力の繰り返しがのちに花開き、大きな実績へと繋がる唯一の道です。

職員の立場で、よく営業マンの皆さんが勘違いされているなと感じるのが、「ボールペンのライバルは、シャープペンシルでも、鉛筆でもなく、下水の側溝の蓋だ」という認識がないことです。つまり担当者は自分が担当する業務を良くしたいと必ず思っています(少なくとも楽にしたいとは思っている)。その気持ちに寄り添って、営業先の部署が要求する予算の優先順位をあげる有益な情報を提供することが、何よりも営業活動成功への道です。

企画・予算要求・予算案策定

- 政策、計画などに基づく事業の検討（何のために？何をするか？）　発注前年 7月～9月
- ↓ 事業に必要な資源の確認（何が必要か？何を調達・外注すべきか？）
- ↓ 必要額の算定（参考見積の依頼）
- ↓ 部局内での精査、調整　発注前年 8月～10月
- ↓ 財務担当部署への予算要求
- ↓ 担当者レベルでの予算要求額の調整（基本的にはコストカット）
- ↓ 課長レベルでの予算要求額の調整
- ↓ 部局長レベルでの予算要求額の調整
- ↓ 副市長による全体調整　発注前年 11月～12月
- ↓ 市長による予算案の決裁　発注前年 12月～当年

⇓

議会審議

- 議会への予算案上程　発注当年 2月～3月
- ↓ 議会による審査と議決（可決）

⇓

事業実施

- 事業実施方法の決定（どのような方法で、どのようなスケジュールで事業を進めるか？）　発注前半年～3か月
- ↓ 調達が必要なモノや業務の再確認
- ↓ 発注仕様書案の作成と参考見積書の取寄せ
- ↓ 参考見積書に基づく予定価格の決定
- ↓ 発注方法の検討（一般競争入札か、指名競争入札か、プロポーザル方式による随意契約か、一者随意契約か…？）
- ↓ 契約担当部署、財務担当部署などとの協議
- ↓ **発注**（入札、プロポーザルなどの実施）

試供品を渡す時も忘れてはいけない「公益性」

「公益性」。公務員に対する殺し文句の一つです。

公益とは、文字通り、社会全般の利益です。私益ではない、不特定かつ多数の者の利益の増進に寄与することを言います。公務員にとって、「公益性の高さ」が物事を動かすかどうかの大きな判断基準になります。例えば、肩こりになりにくい書き味の良いボールペンが開発されて、試供品を渡すとしても、「伊藤さんは肩こりがひどいって仰ってましたよね？このボールペン、肩こり予防にとても効果があるんですよ」と言われたら、職員は財布からポケットマネーを出してそのボールペンを買うでしょう。もし、そのボールペンをたくさん使ってもらうために試供品を渡すのであれば、「伊藤さん、このボールペンはとても健康によくて、仕事も捗《はかど》るんですよ。きっと、残業も減って、経費の節減に繫がると思うので、ぜひ使ってみてください」。こう言われれば、ボールペンを使うことも公益性が高まる要因になりますから、職員としても、サンプルを受け取りやすいわけです（もちろん、家に持って帰って私用に使うわけにはいきませんが）。

新製品を売り込む時も公益性を強調するのがポイント

また、こうした職員の負担軽減に繋がるような商品やアイディアは、「職員は頑張ってもインセンティブは少ない」、「職員は怠けても解雇されるほどのペナルティは少ない」という性質とも相まって、とても受け入れられやすいと言ってもいい攻略法の一つです。

職員の立場で、「この話、聞いてみてもいいかな」と思ってしまう営業ネタは、実は職員の負担が減る＝残業代などの人件費が減って、公益性も高い話です。

ボールペンを例にあげましたが、他にも、面倒な業務のアウトソーシングや、個人情報の漏洩を防ぐノウハウなど、様々です。「これは売れるかな」と思ったら、「これで職員の負担は減るかな」と自問してみるのもよいかもしれません。

私は、議員として、障がいのある方に積極的に自治体の仕事に従事していただきたいと考えています。自治体の仕事には、障がいがある方にもできる仕事がたくさんあります。障がい者の社会進出という公益はもちろんのこと、障がいのない職員や住民の皆さんの障がい者理解促進という公益、その先には、障がい者差別解消、そして障がいの有無にかかわらず共に社会をつくっていく共生社会の実現という大きな公益は、障がい者に支払う賃金が、たとえ従前のコストより高かったとしても、公共的利益はそれをはるかに超えるものがあると確信しています。

実は年明けにもチャンスがある⁉

地方自治体の予算にはすべて目的が定められています。議会で議決された時に提示された目的以外に予算を使うことは原則として許されません。目的外に予算を流用して使うためには、厳しいチェックと手続きが必要になります。職員にそれを求めることは容易ではありません。ただし、目的の範囲内であれば、当初の名目と多少ずれていても予算を使うことができます（地方公共団体の長の執行権）。

地方自治体の予算は、そもそも若干残るように組み立てられています。予算策定時に取り寄せる見積もりは、入札などの競争前の金額を用いていますから、実際に予算を使う段階で、競争が発生すると、当初確保していた予算よりも安く済むことがほとんどです。それにより発生するのが「執行残」と呼ばれる予算の余りです。もちろん、原則として、執行残は使わずに翌年度に繰り越したり、基金として積み立てたりするのですが、その時その時で当初の目的を達成するために有益な使い道がある場合には、当初の予定以外のモノやコトに使うことがあります。

例えば、災害による被害を最小限に抑えるために確保した予算が余ったとします。その年に他都市を襲った台風が大きな被害をもたらして、その際、対応する職員への連絡が取れず、参集に時間がかかったという課題があったとすると、自動メール送信システムなどの導入を、その執行残で行うことは不可能なことではありません。

通常、予算の執行状況を確認するのは、年末年始ですから、年明け頃に、タイムリーで安価な商品やノウハウを紹介するのも売上げに繋がるチャンスです。ただし、「予算、余ってますか？」、「予算、余ってますよね？」などという職員の腹の内を探るような質問は禁物です。あくまで採用するかどうかは自治体が適正に決めることです。それにしても、その前に構築している信頼関係がものをいうことは言うまでもありません。

地方議会にはビジネスのチャンスが満載！

地方議員を務めていて感じることは、営業マンの皆さんが地方議会に、より関心を寄せられることによって、役所への営業成績がかなり向上するのではないかということです。

地方議会において、議員に配布される資料はすべて公開資料です。議員、政治家というと、何か特別な秘密を知っているという感覚をお持ちの方もいらっしゃるかもしれませんが、ほとんどの場合、それは誤解で、議員が知り得る、特に議場で知り得る情報は即日、だれもが入手できる情報です。

議場において議員に配布される資料には、行政のすべての情報が網羅されていると言っても過言でないほどの情報が盛り込まれています。

私が特におすすめしたいのは、当初予算案を審議している際の新規事業に関する資料です。

地方自治体の職員にとって、新しい仕事に取り組むということは、かなりの覚悟と勇気のいることです。すなわち、事業に関わる情報や、職員ではまかないきれない新たな仕事に猫の手も借りたい状況が発生していると容易に想像できます。

新規事業が展開する中で、一番効果的な一言は、「私は他都市で同種の事業に関わったことがあります」という言葉です。そして、その「他都市」が、同格都市であったり、都道府県庁所在地であったり、政令指定都市であれば、その言葉の効力は倍増します。

例えば、地元の自治体が、ご当地の観光スポットをPRするための動画制作に取り組むとします。まず、職員が考えることは、動画配信の効果とともに、配信したことによる負の副作用がないかということです。ここで、他都市における同種の事業の実績があって、「こうした失敗に注意してください」といった類いの情報を提供すれば、「山田さん、もう少しそのお話を聞かせていただけますか？」と職員に食いついてこられる可能性はかなりのものです。

「私が携わった自治体では、動画のクライマックスが動画開始の1分後に訪れるのですが、YouTubeで配信する場合は、最初の5秒が勝負なんですよね」といったようなアドバイスも、他都市における実績があれば説得力倍増です。

頑張っても給料が上がらない、怠けてもリスクが少ない職員が、新たな事業に取り組むということは、かなりの覚悟が必要です。そうした取り組みを通じて共に苦労する、すぐに売上げに繋がらなくとも、地元住民のために、一緒に汗をかくことが、その後の営業活動に確実にプラスになるはずです。

また、地方議会のホームページを見て、気になることがあったら、身近な議員に問い合わせるべきです。私もたびたびお問い合わせをいただきます。例えば、国の大幅な補正予算を受けて編成される地方自治体の補正予算の内容についてお問い合わせをいただくと、「この企業、そしてこの方は、勉強されていて、地方経済を担うべき人だな」と感心させられます。特に、地方経済の活性化を目論んだ国の補正予算に、地方の企業が関心を寄せなければ、すなわち、それはビジネスチャンスの放棄、地方経済を衰退の方向に向かわせる一因です。

問い合わせを受ける議員としても、無知では説明することができませんし、問い合わせをいただくような関心の高いことだと思えば、議場での議論にも熱が入ります。一議員としては、他力本願的な言い方かもしれませんが、あなたが地方議会を活性化することができるわけです。

月曜訪問、朝一訪問は避ける。木、金の午後3時以降が狙い目

地方自治体の営業担当を命ぜられた時、さて、いつ営業に行けばよいのか。すでに面識があって、明確な用件がある場合には、当然アポイントをとって訪問するのが鉄則ですが、初

めての挨拶や、情報提供など、なんとなく出向く場合におすすめなのは、週末の夕方です。理由は単純で、「気持ちに余裕がある可能性が高い」からです。最近は、地方自治体でも朝礼をきちんと行うところが増えてきましたし、月曜日の朝には、定例の会議が行われる場合があります。窓口業務も、月曜日が一番混雑するので、月曜日、朝一番の営業はあまりおすすめできません。また、月末、月初めも、業務が集中することが多いので、ゆっくりコミュニケーションをとることは難しいでしょう。当然、その部署や季節によっても繁忙な時は変わってきますから、ここでもやはり「相手を知る」ことが大切です。

近年、特に政令指定都市など大規模な都市の役所では、窓口が閉鎖的で簡単に担当者と接することが難しいところが多いと感じます。大規模な役所ほど、いわゆる「本庁」と「区役所」、「支所」などの役割分担が明確で、「本庁」では市民と接することなくデスクワークをこなすことが多いため、閉鎖的な空間を作ることが情報の遮断に繋がると危惧しています。地方自治体の職員の主な情報源は、①住民、②組織内部、③国や他の自治体（特に近隣自治体や同格都市）、④業界団体、民間企業などです。住民からの情報をおろそかにすることが何より愚かで、「机上の空論」を招きます。組織内部の情報が滞れば、組織の硬直化、行き過ぎた縦割りに繋がります。国や他自治体の情報をおろそかにすれば、コンプライアンス違反、財源の逸失に繋がります。そして、業界団体や民間企業からの情報を遮断すれば、業務の非効率化や税金の無駄遣いに繋がります。職員は、業界団体や民間企業からの情報を、単なる営利目的の営業活動の一環だと捉えがちですが、それは誤りです。それは前にも述べた通り、地方自治体は、民間からの情報なしには仕事が成り立たないからです。もし、あなたが営業に出かけた役所が、担当職員と挨拶すらできない状況であれば、その役所は腐食が始まっていると言っても過言ではありません。

役所の外でも不満、悪口は絶対に言わない！

地方都市の世間は狭いです。いかなる場所、いかなる場面でも、地方自治体を営業相手にしている限りは、誤解を招くような悪口は絶対禁止です。ただ、行政に関する意見を言ってはならないということではありません。特に、ご自身がＰＴＡの役員をしていて、教育行政に意見を言うのは当然ですし、逆に意見すべきです。また、ご自身がボランティアなどで行政に直接関与している場合には、これまた別で、どんどん意見するべきです。問題は、取引上の愚痴、窓口での対応に関する誹謗中傷など、ビジネスに関わることについては、いくら相手が公僕と言えども差し控えるべきです。私も職員時代に、「○○課の○○さんて、やる気ないですよね」などと元同僚の愚痴を言われたことがありますが、言うのであれば、翌日本人に伝わることを覚悟で言いましょう。もしかしたら、表面的にはやる気が無いように見えても、役所では有名な手腕の持ち主かもしれませんし、愚痴をこぼした相手のお世話になった先輩、友人かもしれません。そもそも、営業マンの声の掛け方、タイミングが最悪だったのかもしれません。そして、そういった愚痴を聞かされた瞬間に、聞かされた職員は、「あ、自分もよそでは悪口言われているんだな」と感じます。

営業相手の悪口は、百害あって一利なしです。次に、典型的なNGワードを列挙します。

役所への営業でこれは禁句！

「5時に帰れていいですね」

私が職員時代に定時で退庁できた期間はごくわずかです。ぜひ、夜の8時、9時に地元の役所の周りを通りかかったら、窓の明かりを確認してみてください。

決して言われていい気分のする言葉ではありません。

「安定していて、いいですよね」

私も職員時代によく言われましたが、決していい思いをする言葉ではありませんし、職員全員が安定志向で役所に勤めているわけではありません。

「土日は休みなんですよね」

これも職員時代によく言われた言葉ですが、休日出勤は当たり前です。

「なんでそんなに時間がかかるのかな」

これもよく言われますが、怠慢で時間がかかることはごく稀です。時間がかかる理由を伝えるのに、かなりの時間がかかります。

「税金払ってるんだけどな」

前述のとおりです。納税は国民の義務であり、納税することによって得られる特別な権利はありません。そして、税金は「払う」ではなく「納める」です。余計なことを言った上に、自身のボキャブラリーの無さをひけらかさないようにご注意を。

職員の心証を害するようなトークは絶対 NG！

「ボーナスのシーズンですよね」

あなたもボーナスのシーズンですよね？

地方自治体の職員は全体の奉仕者、公僕です。住民のために全身全霊で働かなければなりません。しかし、当たり前ですが、一人の人間です。言われたくないことを言われた時には嫌な気分になります。担当部署がボトムアップ的に新規事業を企画し、予算を獲得することは並大抵の努力では成し得ません。私の経験上、嫌な気分にさせられた人から得た情報をもとに自身の仕事を忙しくするかもしれない新規事業を企画提案する職員は極めて稀有です。

表現は自由ですが、誤解を招くような表現で、あなたのまちをよくするかもしれない新商品やアイディアが台無しにならないように注意してください。

別な角度で地方自治体と関わってみる

行政が主導する地域活動にボランティアとして積極的に関わってみたり、自治体が開催する付属機関などの公募委員になってみたりする。これはかなりおすすめの地方自治体攻略法です。もちろん、それをしたことで売上げが上がるなどということは一切ありませんが、地元自治体の雰囲気をつかんだり、職員とのコミュニケーションの機会を得たり、地方自治体が今なにを求めているのかを知ったり、地方自治体と取引きのある企業の営業マンと知り合う機会があったりと、メリットはとても大きいといえます。

自治体は、自分たちの仕事を評価してもらったり、仕事をする上で必要な計画を策定するにあたり、住民の意見を反映させるためだったり、様々な場面で「男女共同参画審議会」や「環境審議会」、「介護事業等運営委員会」などといった付属機関や懇話会などを設置し、そのほとんどに公募委員をおいています。私の住む新潟市でも、多数の付属機関、懇話会が設置されていて、そこに公募委員が配置されています。

もちろん、直接的な利害関係者である営業マンが、自身のビジネスに関係する公募委員にはなれない場合がほとんど（関係業界団体の代表などは別として）ですが、関係ない公募委員であれば、積極的に応募してみるのも一策です。

再度申し上げますが、公募委員になったとしても、それによって、自身のビジネスが有利に展開することはありません。ただし、公募委員を務めた機関の担当職員が、人事異動後に自身のビジネスパートナー、キーパーソンになることは十分あり得ますし、営業相手を知るという第一段階のハードルを越えるには、とてもいい訓練の場であります。

ここで、企業の社長さんにお願いですが、もし、ご自身の会社の営業マンが地元自治体の公募委員に応募し、選任された暁には、ぜひ、その会議が平日の日中に開催された場合にも、快く送り出してあげてください。必ず会社の将来にプラスになること間違いなしです。

どの機関の公募委員に応募するかは自由です。スポーツ好きなら、「スポーツ推進審議会」や、文化芸術が好きなら「文化活動推進協議会」などでもよいかもしれません。地元自治体のホームページで「公募委員」などと検索すれば、多くの機関が公募委員を求めていることを知ることができます。

この章では、地方自治体で成功する営業のツボを私なりにご紹介しました。皆さんもお感じになった方が多いと思うのですが、実はどれも当たり前のことで、肝心なのは、「公僕」と言えど、お互いに敬意を持って接することが大切だということです。

私が市役所職員だったとき、「公務員いいですよね」としきりに褒めてくださる方がいらっしゃいました。ご本人に悪意は無く、「伊藤さんは公務員になれたなんてすごいですね」という気持ちで言ってくれているのだと解釈していましたが、一方で、「楽でいいですよね」、「安定していてうらやましいですね」という嫌味にも感じ取れることも多々ありました。そんなときは、「あなたも公務員になればよかったのに」と思ってしまうこともあります。若手営業マンの皆さんには、自分が、競争が激しく、忙しくバリバリ働く営業マンを仕事に選んだことを誇りに思って、業績を上げ、高給取りになって、地元の公務員に、「民間で働くっていいですよね」と思わせる社会人になっていただきたいです。そもそも、地方の若者がなりたい職業の人気ナンバーワンが「地方公務員」なんて、寂しい限りです。

第5章

地方議会・地方議員とビジネス

ルールや仕組み、姿勢に問題があったら地方議会に問いかけを

地方議会の主な役割は、行政のチェックです。そして、行政のあり方が誤っていれば、それを正すべく提言を行います。また、取り組むべき事項の優先順位もチェックします。市民の声に耳を傾けて、首長（都道府県知事や市町村長）の取り組みに違和感があれば、それを正し、優先順位を住民が納得できるものに方向転換するように促すのも地方議会の役割です。また、行政の事務（仕事のやり方）を調査して、意見や提言を述べることも地方議会の役割です。

もし、あなたがルールに沿った営業活動を行ったにもかかわらず、聞く耳すら持たれなかったとすれば、それは行政による怠慢であるかもしれません。技術は常に日進月歩。もし行政が民間からのアイディアに耳を塞いだとすれば、住民の不利益、税金の無駄遣いに繋がることが容易に想像できます。

①直面する行政課題に対し、解決に繋がる可能性が高い。
②法令遵守を初め、コンプライアンス上問題がない。

③他都市に導入実績があり、成果が表れている。

右記にもかかわらず、導入の提案に耳を傾けないとすれば、そのことを地方議員に訴え、意見交換をしてみるのも一策です。

ただし、地方自治体同様、地方議員も一企業の利益のために働くことはありません。そこには「公益に資する」という大義が必要です。そこで、有効なのは志を共にする業界団体で地方議会、地方議員に要望する方法です。新しいアイディアや商品、緩和してほしいルールや逆に強化してほしい規制など、「公益に資する」要望をできれば複数の地方議員に申し入れることで、地方議会で議論される＝提言される可能性が生まれます。

もちろん、そこに金品のやり取りがあるなどということはもってのほかです。

地方財政が厳しい時にこそ、規制緩和の要望を

近年、地方行政の最大の課題は財政健全化です。超高齢社会を迎え、社会保障に関わる負担が大きくなり、加えて少子化対策や環境対策、そして、昭和の時代に建設した公共施設の老朽化などにより、歳出は増加の一途をたどっています。一方、著しい人口減少により、税収は右肩下がりです。国の財政も厳しい状況にあり、地方交付税も地方行政が担う役割ほどに増加することはないのが現状です。

そのような中、着目し、要望していただきたいのが、時代にそぐわない古い規制の適正化です。特に法律にも条例にも定められていない「前例の踏襲」だけの規制は必要に応じて時代に即したものに変えていかなければなりません。古くなったルールを変えるのに最も必要なのは住民の要望です。古くとも、変える必要がなければ変わりません。

また、国は、地方の施策の目安として、「ガイドライン」を策定して地方自治体に通知します。「お役所」は、国が定めたガイドラインどおりに自身の自治体のルールを決めるのが楽ですし、妥当性を説明するのが容易です。ただし、ここで考えていただきたいのは、国が

定めたガイドラインは、人口数百人の村から100万人を超える大都市まで同じだということです。果たして、人口数百人の村でうまくいく施策が、そのまま大都市に当てはまるのかというと、経験上、かなり疑問です。

人口だけでなく自治体の地域性も千差万別です。地価が高い大都市と比較的安価な都市とでは求められる住民サービスは異なります。近年、大都市では公民連携による公共空間活用の取り組みが進められています。道路や公園など、とかくこれまでは民間企業による商売などが妨げられてきた公共空間に、公益性があることを前提として規制を緩和して認めようとするものです。

20年前には考えられなかった規制緩和です。大都市にはまちなかに空地《くうち》が少なく、開発が進んだ今、建物を壊して空地を設けることは現実的でないため、道路や公園を活用してまちに安らげる空間を設けることなどが目的です。こうした「行き過ぎた流れを引き戻すための規制の修正」も、必要とされる規制改革の一つです。若い感覚で我がまちを見渡し、国が定めたガイドラインに従って定めたルールや、時代にそぐわない古くさい規制に違和感があれば、ぜひとも地方議員に申し付けていただきたいものです。

地元企業への優先発注はあってしかるべき

私は、地元の仕事は地元の企業が担うのが大原則だと考えています。もちろん、地元企業が地元自治体の発注する仕事を受注し、売上げが上がることで、税収の増加に繋がることはもちろんですが、それ以上に、地元をよく知る企業が仕事をすることで、成果の質が高まることが何より貴重なことだと考えるからです。

例えば、交差点付近の下水道改修工事をする際にも、その交差点は事故が多いから、警備を強化しなければならないだとか、閑静な住宅街であるから、日中の作業量を極力増やさなければならないなど、地元の事情を知っているからこそ生まれる付加価値が必ずあります。

イベントの企画運営業務なども、地域特性や文化などを熟知していることは大きなプラスであり、イベント前後のおもてなしをコーディネートすることで、イベントをきっかけにそのまちのファンになってくださる方を増やすことも可能です。

私の経験上、大きな仕事は大都市の大企業が元請けを担い、結局地元企業は安い単価で下請け、孫請けを担い、結果として利益のほとんどが大都市の大企業に持っていかれるなんていうことは日常茶飯事です。世界最先端の技術なくしては成し得ない仕事であればまだしも、地元企業が汗をかけばできる仕事は地元で賄う、これが地方都市のあるべき姿だと思います。もし、地元で担える仕事が安易に大都市の企業に発注される場面があれば、議会、議員に苦言を呈するべき時です。

これからの地方は、役人や政治家だけでなく、市民も企業も一丸となって努力しなければ、楽をすれば楽をしただけ早く都市間競争から脱落していく、そんな時代だと確信しています。

そして、それを担うのは、この本をここまで読んでくださっている地方の中小企業の最前線で活躍する営業マンの皆さんです！

地元企業への刺激が競争心を喚起する

私は、地元の中小企業の応援団のひとりです。地方の企業が担うことができる仕事は、できる限り地元企業から担っていただきたいというのが本意です。

しかし、人間は弱いもの、努力せずして受注できる環境が続けば、自ずと質が下がり、新しいアイディア、ノウハウを取り入れようとするモチベーションは下がるものです。もし、地方に営業に行き、その自治体の仕事が全世代的なものであれば、そここそ大都市、他都市の企業の出番です。地方には独特の商慣習があり、参入が難しいこともあろうかと思いますが、法律、条例、規則をしっかりと勉強して、積極的に自治体向けのビジネスを展開していただきたいと思います。

地元自治体の仕事を地元企業が担い、雇用が確保され、税収も上がる、そういった好循環は何よりですが、そこに談合があったり、ぬるま湯状態がもたらす質の低下があるとすれば、税金の無駄遣いとなり、かえって地方経済の停滞に繋がります。

第6章

営業マン一人ひとりの力が地方を活性化させる

中央から自立すれば、地方はもっと元気になる

安定した地方公務員だった私がなぜ退職して政治家を志したのか、また、防災や福祉が得意と自負している議員の私がなぜ本書のようなビジネス書を執筆しようと決断したのか、それは、地方行政、地方経済への危機感ゆえです。

私たちの生きる現代は豊かです。私は現在47歳ですが、この現代の豊かさに貢献している感覚がありません。むしろ、戦後の復興から、オイルショック、あらゆる公害、災害などと向き合い、高度経済成長期を経て、現代の豊かな社会を築いてくださった先人、先輩のご努力にどっぷりと甘えて、文句ばかり言っている。そんな感覚さえおぼえます。

戦後の高度経済成長は、東京を初めとした大都市集中型による物理的に極めて合理化されたスキームにより果たされました。海外から原料を輸入する港の近くに工場を建て、その周りに人を住まわせて、商業機能を立地する、近ければ近いほどコストは下がり、時間が短縮されて、結果として得られる利益は最大に膨らみます。しかし、これからのビジネスはそれで大きな利益を生み、私たちの暮らしを豊かにするのでしょうか。私はそうは思いません。

大都市集中型のゆとりのない生活は、すべての人間の欲求を満たすものではなく、人々の暮らしやニーズはより多様に、バラエティ豊かになりました。

また、国内の経済成長率の鈍化と、発展途上国の経済成長、そしてＩＣＴ化、デジタル化の進展により、マーケットは国内の大都市から、世界中へと広がっています。今後、我々がより一層の豊かさを求めるために、大都市型のスキームはもはや無用、今こそ地方が日本を背負う時だと確信しています。

観光においても、東京、富士山、名古屋、京都、大阪といったゴールデンルートを中心としたインバウンド政策は一巡し、次なるターゲットは、日本の心を体感できる地方都市へと転換することは間違いありません。

そのような時代だからこそ、行政だけに頼らず、民間ならではの斬新なアイディアをもって地元の魅力を増大させ、発信して地域経済を発展させる。行政の無駄は新しいパラダイムでどんどん省いて歳出を削減し、地域経済を発展させて税収を増やし、役所は本来の果たす役割である安全対策や福祉の向上に専念する。そんな好循環を生み出すために、我々政治家はもちろんのこと、若い営業マンの皆さんからも、ぜひ地方行政に関心をもっていただき、一緒に汗をかいていただきたいと切望しています。

地方の中小企業が力をつけアイデンティティの確立を

私の住むまちのお隣、新潟県燕市は世界に誇れる金属洋食器のまちです。私がノーベル賞の授賞式が執り行われるストックホルムの市庁舎を訪れた時に、晩餐会で使用される燕市の洋食器が光を輝かせて展示されているのを見て、この上ない喜びを覚えたことを忘れることができません。

地方には地方の強みが必ずあります。今こそその強みを、住民が一丸となって世界に発信する時です。

東京から大企業が大きな顔をして現れ、地方の企業でも十分できる仕事を、安い地方の労働力を使って、利益を搾り取って帰って行く、そんなビジネスモデルは堂々と放棄すべきです。口で言うのは簡単ですが、とても苦痛を伴うことでしょう。しかし、その勇気を私たち現役世代がもち、覚悟して自立の道を歩き始めなければ、地方都市の存在意義はありません。

いま、我がまちで育っている、そしてこれから生まれてくる子どもたちが、「My home-town is」の後に、すんなりと単語が入る、そんなまちが、これから日本の地方都市が描くべきビジョンであり、そのためにはこの本を読んでくださっている若手の、バリバリ働き、湧き出るアイディアをもった営業マンのみなさんの力が必要です。

一口に「地方」と言っても、地方は各々特徴があります。新潟県民は、新潟弁で「しょしがり」と言われています。「しょしがり」とは、「恥ずかしがり屋さん」に似た意味の方言です。よく、「新潟には良いもの、自慢できるものがたくさんあるのにPR下手だ」と揶揄《やゆ》されます。ただし、一旦、ミッションとして任されると、とても温かく、丁寧なおもてなしができる県民性を持っています。地方には、その土地その土地にあった地域性が必ずあります。それは、中山間地であったり、海沿いであったり、温暖な気候であったり、雪深い冬を過ごす地域であったり、地域性を醸し出す条件は様々でしょう。その地域性をよく知っている地元企業だからこそできるビジネス、そして営業法を駆使して、商品やアイディアの営業マンから、地元を発信する営業マンになっていただければ何より幸いです。

地元企業と地方自治体が健全なタッグを組んで地域活性化を

これまで述べてきたとおり、地方自治体は民間企業の皆さんの力なしには仕事をすることすらできません。営業マンの皆さんだけでなく、地方自治体の職員もどんどん民間企業の皆さんとコミュニケーションをとるべきです。

ただし、地方自治体には地方自治体のルールがあり、それは、地方自治体を守るためのルールではなく、公正、公平、健全な競争が行われることで、最小のコストで最大の成果を生み出すという、行政の大前提であり、住民の利益を守るためのルールです。「癒着」と揶揄されるような行為は断じて許されませんし、万が一、不正があれば、確実にあなたの企業だけでなく、業界全体が大打撃を受けることは言うまでもありません。

これまで述べてきた地方自治体の性質をよく理解しながら、公明正大に情報を得て、信頼関係を構築し、息の長い営業活動に取り組んでください。

それが、地域経済を活性化し、あなたのまちを「生まれてよかった」、「住んでよかった」、「いつまでも住み続けたい」そんなまちにすること間違いなしです。

この本では、主に地方の中小企業にお勤めの若手営業マンの皆さんに向けて、「お役所」との付き合い方をお伝えしていますが、「お役所」にも伝えたいことがたくさんあります。

公務員は、自身の努力がインセンティブに繋がらないため、とかく民間の営業マンを「自分の（会社の）利益のことしか考えていない」などと批判的に考えがちです。しかし、この考えは的を射ておらず、民間企業の社員が自社の利益を最優先に考えることは当然です。しかも、その利益は自身の給料を最優先に考えているのではなく、株式会社であれば、株主の利益であり、会社の存続を優先に考えているわけです。結局のところ、重要なのはお互い必要な存在で、お互いがそれぞれの立場、制度の中で誠実に役割をこなしているという信頼関係を築くことです。しかし、顧客である職員を前に、たとえ誤った認識があったとしても直接正すことはできません。そのような時に大切なのが「お役所」をチェックする議会の役割です。

行政には時代遅れのルールが山のように残っています。そのようなルールを時代に合わせて変えていくことも議会の役割です。

私が一地方議員として実現したいのがこうした規制緩和の実現です。一昔前は「このままでは資源が枯渇する」と騒がれるほど人口が増加し、働き手が豊富に確保できました。そうした時代であれば、国や地方自治体が集めた税金を公共事業に投資することで、企業が潤い、賃金が上がって、経済が好循環し、社会保障・福祉施策を充実させることができました。しかしながら、「このままでは地方自治体の多くが消滅してしまう」と騒がれるほどの人口減少社会を迎えた昨今では、税収の確保はままならず、公共事業への積極投資を行っても地方にはそうした事業をこなす担い手が不足していて、少ない収入にもかかわらず、高い賃金でなければ人手が確保できず、結果的に、特に中小企業では利益が上がらずに、仕事をすればするほど苦しい状況に追い込まれてしまいます。

・規制緩和で旧弊打破

防災や減災、環境衛生など、必要な公共事業はもちろん進めていくことを前提として、今後は、古くなったルール（法律や条例、規則など）を今の時代に合うものに調整し、少ない人手でも商売が成り立つ経済環境を整えることが急務です。

若手営業マンの皆さんはもしかしたら記憶にない遠い昔のことかもしれませんが、二十年前には、ガソリンスタンドで客自身が車にガソリンを入れるなど考えもつきませんでした。今では多くのガソリンスタンドがセルフ式で、人手が足りなくてもガソリンスタンドを経営しやすくなりました。まさに規制緩和のなせる業です。他にも、一昔前はタクシー運賃が地域で一律でしたし、不動産登記情報をインターネットで閲覧するなど想像もつきませんでした。

法律の改正が必要な規制緩和は地方自治体だけでは処理できませんが、地方議会を通じて国に働きかけることはできます。若手営業マンの柔らかい頭でどんどん古くさい規制を改めるアイディアを地方議会、議員に寄せていただきたいものです。

地方自治体の職員は、仕事をする時に必ず根拠を見出します。その根拠は法律であったり、条例であったり、規則であったり、自治体が独自に作った要綱であったりと様々です。繰り返しになりますが、最近目に余るのは、中央省庁が通知するガイドラインを根拠に、ガイドライン通りの仕事をしてしまう場面が多いことです。中央省庁が作成するガイドラインは、確かに地方自治体が新たな仕事をスタートさせる時、また、事件や事故などの大きな問題が起こった時にどのような対応をすべきか考える上でとても参考になります。しかしながら、ガイドラインは人口数百人の村から100万人を超える大都市までを広く網羅したものです。時には大都市には当てはまらないこと、小規模の自治体にはそぐわないことが記載されていることも多々あります。ガイドラインはあくまで大まかな指針であり、法律や条例など、必ず守らなければならないルールではありません。もしも、あなたの地元で、頑なに中央省庁のガイドラインに固執した納得のできない仕組みを変えようとしなかったとすれば、その時も地方議会、地方議員の出番です。

・情報公開をアイディアに利用

また、現在は企業も地方自治体もデータに基づいて経営戦略を立てる時代です。地方自治体には膨大なデータがあります。個人のプライバシーに関わる情報は別としても、どこに何歳の人がどれだけ住んでいるのか、産業構造はどのようになっているのか、地域のイベントはいつどこで開催されるのかなど、公開できる、公開すべき情報は積極的に公開して、商売にも活用できる環境を整えることが地域経済の活性化に繋がると考えています。こうしたデータ活用についてもアイディアを地方議会、議員に投げかけていただきたいと期待していきます。「地方議員が勉強して、そうした環境を整えれば」というご意見をいただくかもしれませんが、地方議員はあくまで市民の声を施策に反映させるのが役割であって、専門家でない議員の思いつきで地方自治体に仕事をさせるのが地方議員の役割ではないというのが私の考えです。

もちろん、こうした規制緩和には副作用が伴うかもしれません。保育所運営への株式会社参入は保育の質の低下が懸念されました。タクシー運賃を自由に設定することができるようになれば、競争力のないタクシー会社は経営破綻してしまうかもしれません。規制を緩和すれば、規制のもとに既得権益を得ていた人や企業にとっては不利益をもたらすわけです。しかし、勇気を持って改革していかなければ社会は進化を遂げません。副作用のない改革はないというのが私の考えです。ぜひ皆さんも、地域社会の中のルールについて、素朴な疑問があったら近くの地方議員に投げかけてみてください。もしかしたら、皆さんのアイディアが20年後の日本を変えるきっかけになるかもしれません。

・地元のことは地元でやる大原則

もう一つ私が地方議員として取り組みたいのが、地方自治体が発注するモノ、業務、工事などを地元企業が優先して受注できる仕組みづくりです。ただし、これも地元企業の要望がなければ意味がなく、到底地方議員の思いつきでできることではありません。後述しますが、東京を初めとした大都市の大企業の存在なくしては地方、地方自治体は成り立ちません。しかし、地元でできることは地元で行うことがあらゆる面で有益だと私は考えます。

地元のお金が地元に落ちることはもちろんです。県民、市民から集めた税金の使い道がいつも県外、市外の企業の売上げになるとしたら、こんなに寂しいことはありません。せっかく地元で集めた税金は、地域のために地域で使う。これが地域経済の活性化に繋がると考えます。

ただ、お金の問題だけではありません。地元企業が自身の手で施設を建てたり、橋を架け替えたり、イベントを運営したりすることで、市民がふるさとを誇る気持ちが高まります。「あの橋はパパの会社が架けたんだよ」、「このイベントの1回目は、ママが企画したんだよ」と、子どもや孫に語り継げる仕事を地元企業が担うことで、誇りや愛着に繋がると私は期待しています。

また、一つの工事にしても、地元をよく知る企業が携われば、「この地域は子育て世代が多いから、お昼寝の時間帯の騒音には気をつけなければ」だとか、「この交差点は月曜日の朝はとても渋滞するから、それ以外の時間帯に手早く工事を進めなければ」などといった地元企業ならではの配慮も期待できます。もし、あなたが住む自治体で、地元の仕事を安直に県外から来た企業に発注するきらいがあって、それが納得できない状況であるとしたら、そのときは地方議会、議員の出番です。

政治家、議員は、時代や市民意見に基づいてルールを決め、また、変えるのが仕事です。もしも、あなたが議員に意見したときに、「それがルールですから、変えることはできません」と一方的な答えが返ってきたとしたら、その議員は役割の一部を放棄していると言っても過言ではありません。まさに、ルールに基づいて働くのが地方自治体の職員であれば、ルールを変えるのが政治家の仕事です。

地方議会を構成する地方議員は、あらゆるキャリアを経て選挙で当選し、その職に就いています。ホームページやSNSなどを参考にして、あなたの意見やアイディアを聞いてくれそうな、詳しそうな地方議員に、気軽に連絡してみてください。私の経験上、議員、特に地方議員はみんな「いい人」です。最初は緊張するかもしれませんが、意外とざっくばらんにお話しできますよ（笑）。

東京の企業が地方で成功するためには

本書の趣旨とは少し矛盾するかもしれませんが、地方の企業が元気だったとしても、東京を初めとした大都市の企業の力が必要であることも地方自治体の宿命です。

特に、日本で稀有な知識や技術を持った企業や、地方の企業では担うことができないボリュームの仕事を請け負える企業などは、自治体運営に欠かせません。

また、本来あってはならないことですが、地元企業が不正などで仕事を請け負うことができなくなった時には、不本意ながら、県外、市外の企業に頼らざるを得ません。

大都市の大企業の活躍が期待されるステージは、何と言っても先進技術の活用が不可欠な場面です。特に現代はＩＣＴやＡＩ、ＩｏＴなどの活用によって「お役所」の仕事が大幅に変わる時、いや、変えなければならない時です。ペーパーレス化やテレワーク、ＡＩ導入による業務の自動化や簡素化は、人手不足を補うだけでなく、本来、人間でなければできない仕事に人的資源を集中させることができるチャンスを生み出します。

このような改革、改善は、ダイナミックな技術開発と研究成果を生み出すことができる大企業が音頭を取って進めることが必要です。他にも、大規模な施設の建設や皇族を招いてのイベント運営など、地方の企業では経験値を積むことが難しく、また、失敗の許されない場面では、大都市の大企業の力が必要です。

加えて、本書でもこれまで述べてきた通り、地方自治体の仕事は、細かい点は異なれど、根本的には全国共通のものが多く、安心安定志向の公務員にとっては、同格自治体で確たる実績がある企業が当該自治体の仕事も担ってくれるのは魅力的です。

東京を初めとする圏域外の企業が地方に進出する場合に重要なことは、まずは拠点となる営業所を設けることです。地方自治体の入札に当たっては、圏域内に「本社、支社、営業所等があること」を参加条件にしているケースが多くあります。

そして次に必要なことは、地元の住民を雇用することです。地名の読み方であるとか、地域性などは一朝一夕では身に付きません。地元に精通した人を雇用することで、ビジネスを進めやすくなります。

これら重要な2点は、「進出先の自治体への納税意欲がある」ということを示すためにも大切です。おそらく競争相手となる地元企業は広い事務所・営業所などを確保し、たくさんの住民の雇用の機会を確保しています。そこには事業所税が発生し、社員の住民税が発生します。納税額ゼロの東京の企業と、多額の地方税を納付する企業では、たとえ提供するモノやサービスの価格が同額だったとしても後者が地方財政に寄与することは明確です。

加えて社員の給料が地域経済を回すことを考えても、地方自治体と地元企業との取引きにはそもそも大きな利点があります。こうした点を踏まえて、地元に根ざしたビジネスを展開していただきたいと切に願います。

私見ですが、中央の大企業と地方の大企業はそれぞれの長所を活かすためにも代理店契約などで「タッグ」を組んで欲しいものです。地元密着の仕事は地元で。餅は餅屋です。

巻末コラム①

コロナ禍と地方自治体への営業

本編執筆中に我が国を襲い、今なお我々に脅威を与え続けている新型コロナウイルス感染症。健康を脅かす未知の病という恐ろしさとともに、社会経済活動にも大きな悪影響を及ぼしています。首都圏の感染拡大により、地方では、東京一極集中の弊害をもろに受けて、人やモノの動きが著しく停滞しました。飲食業へのダメージは甚大です。新潟市内の居酒屋の店主に話を聞くと、「今までいかに首都圏からの客に支えられてきたのか実感する」と、本音を語ってくれました。地方自治体にとってもまさに巨大災害級の出来事です。感染予防の徹底から地域経済の下支えまで、あらゆる対応を、首都圏の企業の力を借りることなく進めなければなりません。

そのような状況下で改めて感じたのは、首都圏、大都市と地方都市との役割分担の重要性です。先進技術の開発、商品化や、ダイナミックな貿易による物資調達など、首都圏、大都市にしかできないことを否定するつもりはありませんが、いざという時には地元を支えられる地元企業が力を蓄えていなければ、結果として地方はもちません。まさに、今こそ地方の若手営業マンの頑張りどころです！　地元にいれば、市民の声を直接聞くことができます。その声から、今必要なこと、モノが自ずと分かってきます。地方自治体は元来、未曾有の緊急事態に合わせて組織化されていません。頻発する地域特有の自然災害を除けば、その対応力は貧弱であることは必然です。アドリブが利きにくい組織なのです。こういう時にこそ、若い力で市民の生の声に感度を高め、アイディアを振り絞って地元自治体にどんどん提案すべきです。その相手が地方議員であっても構いません。官民一体となって、一致団結してことに当たらなければ対応はできないのです。

コロナ禍への対応は、時間との闘いです。平常時の業務に合わせて配置された職員では到底対応できず、緊急的に業務を外部に委託せざるを得ません。一時、不足したマスクや消毒液も、医療や介護、保育など、「無い」では済まされない現場がたくさんあって、確保できればすぐに一者随意契約で調達するといった場面が多く見られました。まさにフットワークの勝負です。

この稿を執筆中の2020年末現在、コロナ禍が遠ざかる足音はまだまだ聞こえそうにありません。ぜひとも若手営業マンの皆さんは自社の売上げを伸ばすだけでなく、地元に貢献する仕事をしていただきたいですし、上司の皆さんは、若い力を存分に活用していただきたいと思います。その貢献は、コロナ禍が過ぎ去った時に必ず自分に、そして自社に返ってくるはずです。

巻末コラム②

トラブル解決法

仕事には思わぬミスやトラブルがつきものです。地方自治体への営業でも例外ではありません。ここでは、地方自治体だから許されないこと、逆に地方自治体だから解決可能なトラブル回避の方法をお伝えしたいと思います。もちろん私見です。

担当者との打ち合わせで質問されたのに答えられなかった！

良い商品、良いサービスがある程度認められて、採用の検討段階までたどり着いたその矢先、商品の仕様やサービスの内容について自治体の担当者から質問されたがその場で答えられなかった！　などということはよくあることです。もちろん、ＩＴ技術を売り込もうとしているのに、「ＩＴのＩって何の略字ですか？」に答えられないのは考えものですが、例えば、「このシステムは他の都市でどのくらいの導入実績がありますか？」や、「他社製品と比較したときのメリットとデメリットは何ですか？」などといった暗記だけでは答えられない質問については、その場で答えられなくても問題ありません（もちろん質問を予告されている場合は論外ですが）。むしろ、自治体職員の性質上、いい加減にその場で即答することよりも、一旦持ち帰ってしっかりと正確な情報を日を改めて伝えた方が好まれることが多いでしょう。また（もちろんわざとはダメですが）、宿題をもらって、別な日に改めて担当者とコミュニケーションを取れることは、信頼関係構築のためにも、自社製品、サービスをよく知ってもらうためにも断然有利です。逆に、いい加減に答えて、あとで訂正することがしばしばだったり、誤った情報を伝えっぱなしで訂正もできない状況に置かれたりする方がはるかにマイナスです。

その場で質問に答えられなかった場合には、きちんと期限を自ら設定して、日を改めて回答することで誠実さが伝わり、その後の取引きも円滑に進むことでしょう。無理は禁物です。

スキャンダルの後出しはご法度！

これは地方自治体相手に限らず言えることですが、役所は特に軽微なスキャンダルにもうるさい組織です。自らの業務に関係ないことでも、悪い事は一切隠し立てすることなく、迅速に報告する必要があります。本編でも述べたとおり、目の前の担当者は、数年後、他の部署で担当者として関わる職員であるかもしれません。万が一、事件や事故、コンプライアンス違反などの事象があった場合には、当面の仕事の獲得だけにこだわることなく、一刻も早い情報共有に努めましょう。契約直前にそのスキャンダルが明るみになって、白紙になったとすれば、迷惑を被るのは自社ではなく、信じてやり取りをしてくれていた担当者です。早すぎるくらいの情報提供をすれば、「今回は契約に至らないけれども、今回の件はこの人のせいじゃないし、次回もし同種の案件があったら見積書の提出を頼んでみよう」などと一層の信頼に繋がるものです。

言った、言わないにならないために

いざ、契約というときに、伝えていたはずの商品に関する重要な注意事項が担当者に伝わっていなかったとしたら、それはあなたの責任です。例えば配送方法が宅配業者による玄関先までの配送なのか、自社の従業員による使用場所までの配送なのか、本来は仕様書にうたわれるべきですが、契約までにそれを指摘できず双方誤解あるままに契約に至れば、立場上折れるしかありません。そもそも、公務員と民間企業の社員との間で「当たり前」に差があるのは当たり前です。公務員という立場で働き、その後、行政書士として民間企業の皆さんとお付き合いさせていただく立場になった自身の経験上、売上げから最低限のコストを捻出する民間企業、特に中小企業のコスト意識と、安定した地位のもとで割り振られた予算の範囲内で仕事をこなせばよい公務員との間でコスト意識にずれがあるのは、予め受け入れるべき実態です。

そのような齟齬《そご》が生じないために、コストに関わる大切なことは紙やメールに残すことが必要です。特に、あなたが削除しない限り残り続けるメールのやり取りはおすすめです。打ち合わせの都度、要点をまとめてメールで情報共有しておくことは、自分を守るだけでなく、自治体の担当者にとっても有益です。

絶対に回避できないトラブル「公文書により設定された期限」

トラブルの中にも、回避できるものとできないものがあります。絶対に回避できないトラブルに「公文書に書かれたことを守らなかった場合」のトラブルがあります。特に期限です。口頭でお願いされた参考資料の提出や、質問への回答などは、早めに遅れることを知らせておけばほとんどの場合対応可能で、トラブルになる前に回避が可能です。

しかし、公文書（＝口頭でなく、文書で依頼されたものすべて）によって通知された内容は絶対です。入札日はもちろん、他社も提出するプロポーザル方式のプレゼン書類の期限等々、これらは遅れると言い訳が利きません。逆に、受理されるようでは問題です。皆さんも、自分はしっかりと期限を守ったのに、競争相手が期限に間に合わなかったにもかかわらず、馴れ合いのごとく受理されたら不公平を感じますよね。期限以外にも、定められた書類の様式や、数量、提出場所や提出媒体など、公文書に記載された内容は確認に確認を重ねて処理してください。良い商品、良いサービスを取り扱うあなたがこのようなケアレスミスで競争から脱落してしまうことは、自治体の担当者を落胆させるだけでなく、結果的に良い行政サービスを受けられなくなる市民にも悪影響を及ぼすこともお忘れなく！

巻末コラム③

上手に行政サービスを受けるためには

・「縦割行政」を有効活用

本編の趣旨からは少し離れますが、地方議員をしていると、よくご相談をいただくので、皆さんの生活の質の向上のためになればと、経験を踏まえて若干したためてみます。

上手に行政サービスを受けるために重要なことは二つあります。一つ目は、「適切な窓口にたどり着くこと」、二つ目は「王道を守ること」です。

地方自治体を取り巻く環境は、多様な課題が大量にあるのが現状です。その課題を整然と解決するためには、セクションごとに専門的に対応する、いわゆる「縦割り行政」が必要になります。「縦割り行政」はその弊害がよく取り沙汰されますが、個人的には悪いものだとは思っていません。もちろん「縦割り行政」の弊害、悪影響を部分部分で取り除く努力は必要ですが、完全に縦割りを廃しては、自治体のような大きな組織は成り立ちません。これは大企業も同じだと思います。

そのような縦割り行政から、より良いサービスを提供してもらうために必要なのが、自分が抱えている問題を専門的に扱ってくれる部署はどこなのかを知ることです。その専門部署を知る前に役所に行ってしまうと、いわゆる「たらい回し」に遭います。できればホームページで調べたり、役所に電話して、「担当部署を教えて欲しいのですが」などと問い合わせたりするのもおすすめです。政令指定都市や中核市のように人口の多い自治体になればなるほど部署も多くなり、職員も多くなります。すべての職員がすべての担当部署を把握しているわけではないので、「担当部署がどこなのかを詳しく知っている部署の職員に聞く」というのが近道です。

例えば、あなたに子育ての悩みがあったとします。子育ての悩みと言っても、それが「通っている保育園に関する悩み」なのか、「子どもの健康上の悩みなのか」、それが0歳の子どもなのか、10歳の子どもなのかで担当部署が異なる場合もあります。また、「保育園に通っている4歳の子どもが給食を食べずに困っている」としても、それが「きっと給食が美味しくないのが原因で、美味しい給食を提供してほしい」という要望なのか、それとも「家ではご飯をちゃんと食べているのに、給食のときには食が細くなってしまう。保育園での生活にストレスを感じているのではないか」という心配なのか、はたまた、単純に「うちの子は食が細すぎる。なんとかたくさん食べるようにしてあげたい」なのか。これらによっても担当部署は変わってくる可能性もあります。まずは腰を据えて、専門部署にたどり着く少しの努力をしてみることをおすすめします。

大切なのは、「窓口にいる職員は、その窓口で取り扱う業務の担当であって、担当部署を的確に把握する専門家ではない」ということを受け入れることです。あまり縦割りに目くじらを立てすぎるのも得策ではありません。個人的には、縦割りとは無縁な（はずの）身近な地方議員に問い合わせてみるのがベストだと思います。

・相談事は正面から王道を

二つ目の重要な点、「王道を守ること」は声を大にして申し上げたいことです。議員として、たくさんのご相談、ご要望を承ることがあります。中には、「子どもの不登校は学校の責任だ！　教育委員会に動いてもらいたい！」とすごい勢いで苦情をおっしゃる方がおられます。もちろん、そうすることが正しい場合もありますから、すべてを否定するわけではありません。

しかし、冷静に考えてほしいというケースも少なくありません。お子さんの不登校の場合、問題の解決ゴールはそのお子さんが学校に通えるようになること、もしくは通わなくても学力が身に付く環境を整えることであって、親御さんの不満を解消することではありません。ただでさえ傷を負った子どもを傍らに、本来パートナーであるべき学校に対して捲《まく》し立てていては、お子さんはますます学校に行きたくなくなります。

普段のお子さんの姿、お子さんの個性をよく知っているのは教育委員会ではなく、担任の先生や教頭先生、校長先生であるはずです。不登校解決の王道は、担任→学年主任→教頭→校長と丁寧にコミュニケーションをはかって、それでも解決が難しい場合には、専門の相談機関への相談、もしくは、医療機関への相談です。あまり事を荒立ててしまうと、親御さんのストレスは解消されるかもしれませんが、お子さんの問題解決はかえって遠のいてしまいます。

介護サービスも同様です。介護を受けなければならなくなるきっかけは、病気やケガがほとんどです。脳血管疾患や心疾患、骨折などは入院が伴いますから、最初の王道は、病院に配置された医療ソーシャルワーカーさんに相談することです。専門家は経験、知識ともに豊富ですから、先の先まで考えて、ご家族にアドバイスしてくれることでしょう。

在宅しながら認知症などで介護が必要になった場合の王道は、概ね中学校区に1ヶ所程度設置されている「地域包括支援センター」に相談することです。「友達の友達が福祉施設を経営しているからその方を頼ってみよう」というのも一策ではありますが、介護度が変わってその方では対応できなくなったり、何かをきっかけに友達関係が疎遠になったりすれば、途端に孤立してしまうことも考えられます。まずは王道を歩くべきです。しかるべき相談相手としっかりと信頼関係を築いて、末永く寄り添ってもらうことが、介護を受けるご本人にとっても、それを支えるご家族にとっても大きな安心に繋がります。もちろん、本編でも触れたとおり、制度や仕組みに問題がある場合には、お気軽に地元の地方議員にご相談ください。それを時代に、地域にフィットさせるのが地方議員、政治家の仕事です。

巻末コラム④

役所の職員になりたい方へ

地方自治体を担当されている営業マンの方の中には、仕事を通じて「自分も地方公務員として役所で働いてみたいな」と思われる方もいらっしゃるかもしれません。また、ご親族の中に公務員志望の方がいらっしゃるかもしれません。ここでは、地方自治体の職員、地方公務員になるということはどういうことかということに触れてみたいと思います。

・決められた仕事を実直に

現在、地方自治体の職員採用は多様です。社会人経験者を採用する枠や、高校、専門学校卒業程度の方向けの採用枠、福祉職の専門枠、保健師や看護師、薬剤師や歯科衛生士など国家資格のある方向けの採用枠など、多種多様に門戸が開かれています。一部に年齢制限が設けられている場合もありますが、目指して目指せない職業ではありません（詳しくは各自治体のホームページ等でご確認ください）。

本編でも触れたとおり、地方公務員に求められる資質は、法律や上司の命令に従って、同僚と協力、役割分担をして、与えられた時間で、与えられた予算で、きっちりと仕事をする力です。自治体職員は政治家ではありません（議会から認められなければ就任できない特別職の職員が政治性を有していることを除く)。物事の善し悪し、優先順位を決めることはできません。例えば、職員自身の考えで、「介護よりも子育て支援の方が大切だから、今携わっている介護関係の仕事はおろそかにしてもいい」となったらどうでしょう。途端にその自治体の介護環境は劣悪化して、市民に多大な悪影響を及ぼすでしょう。あくまでも優先順位は首長や議会が決めて、その優先順位に沿って粛々と仕事を進めるのが地方自治体職員のあるべき姿だと私は考えます。

一部の市民の方からは、「あの職員は融通が利かない」、「与えられた仕事しかしない」などというお叱りの声をお寄せいただきます。確かに、担当者レベルで判断できる軽易なことは融通が利いた方がいいと思いますし、窓口でのちょっとした一言など、少しの心配りでできるアドリブ的な仕事であればできないよりもできた方がいいのかもしれませんが、各々の職員が制度を度外視して融通を利かせ、所管外の仕事に専念してしまっては、自治体運営は成り立ちません。

営業マンの皆さんであれば、「売上」、「利益」といった明確な評価指標があります。融通を利かせて、お客様に心配りをして、結果として売上が上がり、企業の利益が拡大すれば皆さんの上司も「余計なことをするんでない!」

などと言われることはないでしょう。しかし、自治体職員はその明確な評価指標がありません。あるのは、セクションごとに割り振られた予算で実直に目的としていた成果を出すことができるかどうか、できたかどうかだけです。

マスコミで、いわゆる「スーパー公務員」が取り上げられて、もてはやされることがあります。もちろん素晴らしいことで、その地域になくてはならない存在なのでしょう。しかし、自治体運営はその「スーパー公務員」が退職した後も続きます。人間はそれぞれ個性があって、得意不得意があるものです。同じ部署に同じ個性をもった職員が第二の「スーパー公務員」になればなお素晴らしいことですが、私の経験上、なかなかそういった継続は難しいものです。

公務員は公僕です。私僕ではありません。全体の奉仕者であって、自分一人のための奉仕者ではありません。私の中での理想の公務員は、首長のビジョンをしっかりと把握した上で、上司の指示に従い、法律に則って、市民にはすべからく愛想よく、ただし、ダメなものはダメと言える人です。それ以上は市民の負託を受けて優先順位や制度を決める首長や議員の仕事です。

余談が長くなりましたが、あなたがもし、我がまちの自治体職員になりたいと思ったら、まずはこのことを受け入れなければならないと考えます。公務員は安定しています。民間企業のように、お給料やボーナスが景気に大きく左右されることもなく、そもそも潰れることがありません。その代わりに、自分の意と反する指示であっても、自分を押し殺して指示に従わなければなりません。当然民間企業でも、一部の経営者以外は何らかの制約がありますが、私の経験上、役所の仕事は民間企業と比較できないほど自由度がありません。

その上で、「やっぱり私は公務員になりたい！」と思われる方がいたら、ぜひ採用試験にチャレンジしてみてください。

・「会計年度任用職員制度」で役所体験

公務員への転職を志して、離職前に現職で働きながら勉強して採用試験に臨むのももちろんアリですが、もし既に離職していたり、転職することを決断していたりするとしたら、私がおすすめしたいのが、一旦、非正規枠で、役所で働いてみるというものです。

令和2年4月から新たに「会計年度任用職員制度」がスタートしました。会計年度任用職員とは、その名のとおり、会計年度、すなわち、4月1日から翌年の3月31日までの期間の1年間を任期として採用される職員です。休暇制度もありますし、賞与も支給されます。年収としては正規職員よりは低いものの、「お役所を体験してみる」という点ではかなり有益だと思います。会計年度任用職員にも採用試験がありますが、正規職員枠の試験に比べると格段に難易度は低いのが現状です。これにより、「せっかく地方公務員を目指し、血眼になって勉強したのに、実際入ってみたら考えていた職場ではなかった」という状況は回避することができます。

会計年度任用職員を経験したからといって、正規職員採用にプラスになるわけではありませんが、もし、採用された際には、配属先の同僚にとって「役所で働いた経験のある人が来る」となれば、安心して受け入れてくれるでしょう。

一方で、いわゆる正規職員の採用試験の難易度は年々増しています。また、名前や学歴等を伏せて実力勝負で試験をする自治体が増えているので、縁故や出身大学、前職の企業のネームバリューで採用されることはありません。

一般的には、採用する1年前の4月に募集要項が公表されます。チャレンジしようとする方は、ホームページでこれを確認しておく必要があります。

自治体の規模によっては、その年に採用がないこともあり得るのでご注意を。採用試験の基本的な流れは、一般教養などを記述式で解答する1次試験から、面接、集団討論、論文などに取り組む2次試験、3次試験を行う自治体が多いようです。詳しくは、「○○県採用試験」、「○○市採用試験」などと検索してみてください。

少しネガティブなことを並べて書きましたが、県民市民の幸せのため、地元の発展のために働くことができる地方自治体職員はとても魅力のある仕事です。

あとがき

私は市役所職員時代に、病院職員として医療器械の購入手続きを担当し、税務職員として、コンピュータシステムを使って課税業務を行ってきました。また、防災担当として、民間企業と災害時応援協定を結び、中越沖地震や東日本大震災発生の際には、給食業者に依頼して食料を調達しました。

新潟国体開催時には、警備業を営む方々に委託して競技会場の安全確保を行い、APEC大臣会合では、広告代理店や旅行代理店に歓迎のおもてなしやホテルの確保などを委託しました。子育て支援を担当した際には、子育て世代や子どもたちが喜ぶキャラクターのデザインを委託して、子育て情報誌の印刷を印刷業者に依頼しました。

地域福祉を担当した際には、福祉行政に精通した大学教授に講演を依頼し、介護事業者に地域における住民による支え合いの仕組みづくりのお手伝いをお願いしました。

このように、地方自治体の仕事は、何一つ公務員のみで完結するものはないと言っても過言ではありません。必ずその都度その都度、その業務に精通した民間の「プロ」の力を借りなければ行政は成り立たないのです。

一見、それであれば住民サービスを最大限にするために、フレキシブルに良質のモノやサービスを調達して、自由に、創造的に仕事を進めるべきだと考えがちですが、なかなか難しいものです。そもそも「住民サービス」が企業の「売上」や「利益」のように精緻に数値化できればよいのですが、住民サービスに多様性が求められる昨今、住民サービスの質や量は評価する人によって大きく異なります。

そもそも地方自治法第2条第14項には、「地方公共団体は、その事務を処理するに当っては、住民の福祉の増進に努めるとともに、**最少の経費で最大の効果**を挙げるようにしなければならない」との定めがあり、同条第16項には、「地方公共団体は、**法令に違反してその事務を処理してはならない**。なお、市町村及び特別区は、当該都道府県の条例に違反してその事務を処理してはならない」と定められています。その上、地方自治体がモノやサービスを調達するためには数えきれないほどの法令や規則があって、自ら積極的に特定の企業だけのモノやサービスを取り入れることが難しく、必然的に地方自治体の職員は、民間企業からの提案を「受け」の態勢で待つことになります。怠慢と捉えてしまう職員の対応も、致し方ない事情があることを知っていただきたいと思います。それを受け入れた上でコミュニケーションを取ることが地方自治体への営業の第一歩です。

本書の冒頭で書いた某有名大企業の営業マンと私とのやり取りですが、屈指の技術を誇る商品購入の斡旋になぜ私がNOと一蹴したのか、本書をご一読いただいた皆さんにはお分かりだと思います。

①新潟市にはいいところや美味しいものがあるのにPR下手だ。

たとえPRが下手だとしても、担当職員は一定のルールの中で精一杯頑張っています。これから顧客となる相手に「下手だとは何事だ」と私が感じるのは当然です。果たして、飲食店に営業に行った時に、飲食店の広報担当者に「この店は、料理は美味いが広報が下手だ」と言うのでしょうか。きっとこの営業マンは、自身が地方自治体の「納税者」であることで、自身の「上から目線」に寛容になっていたのでしょう。

②弊社の広報媒体は、国内はおろか、世界的にも屈指の技術を結集して作られている。

たとえ事実だとしても、地方自治体の担当職員はこれをどう上司に証明してみせるのでしょうか。コストが大きくなれば、契約の締結について議会に諮ることも必要になります。少なくとも導入実績に基づいて、成果を定量的に示していただきたいものです。

③新潟市役所は、今すぐこの広報媒体を買って、国内外にその魅力を発信すべきだ。

原則として、地方自治体はあらかじめ定められた予算を使うことしかできません。大災害が発生した場合などは例外として、少なくとも広報媒体を予算措置なしに今すぐ買うことなど不可能です。特に、この営業マンが訪れた「ある寒い冬の日」には、翌年度の予算もほとんど組み立てられています。その広報媒体が例え優れたものであったとしても、通常それを買うことができるのは1年半後になります。

④伊藤先生、ぜひ新潟市役所がこの商品を買ってくれるように勧めて欲しい。

残念ながら、一議員に特定の商品を購入させる権限はありません。関与できるとすれば、議員として、市の広報のあり方を議場で質し、あるべき姿を提言することや、時代にそぐわない広報媒体を使っているとすれば、最小の経費で最大の効果を生んでいるのかどうかのチェックを議会として行うことくらいです。あくまでも、定めた予算をどのように使うかを決める権限は首長（＝職員側）にあります。

このように、特定の商品を営利目的で地方自治体に購入させるために、議員にその斡旋を依頼するのはナンセンスです。議員は政治的大義を栄養にして生きています。「この類いの商品を使うことによって住民サービスはそのままに、経費は半分になる」だとか、「職員が行っている業務を外部に委託することによって、職員が本当にすべき業務により多くの時間を割くことができる」など、そこに大義があれば、アイディアを堂々と議場で論じ、もしそれが採用されれば、一定のルールで競争にさらされた上で、契約締結に至ることも考えられます。

ただし、もし、地方自治体に営業に行って、一切聞く耳を持たれなかったとしたら、その時には議員に意見して欲しいと思います。「ある人の営業活動には耳を貸さない」＝「特定の人の営業活動にしか耳を貸さない」という恐れがあるからです。再三申し上げますが、これからの行政は民間の力なしには成り立ちません。特にＩＣＴやＩｏＴ、ＡＩなど新しい技術が社会を変えようとしている今、若者の力が必要であることは自明の理です。これからは、業種、世代を問わず広く民間のアイディア、ノウハウを活かして行政を運営・経営するべきです。

そして、その場面で、本書を読んでくださった若手営業マンの皆さんが活躍されるとすれば、嬉しい限りです。

はからずも、本書執筆後半になって、新型コロナウイルス感染症が我々の生活を脅かしています。地方が元気になることが日本を元気にするという本著の趣旨が一層重要になるのは間違いないでしょう。今後は東京一極集中の恩恵に甘んじることなく、地方が自立して元気なまちをつくる時代の到来が確実に早まったと考えています。そのためには地元企業の踏ん張り、官民一体となった取り組みが必要不可欠です。その活力が今地元で学ぶ子どもたちに響き、将来地元のために汗をかきたいと感じてくれることを期待するばかりです。

最後になりましたが、私の都合で大幅に執筆が遅れたにもかかわらず励まし、お付き合いくださった、株式会社みらいパブリッシングの松崎義行社長と編集担当の道倉重寿氏、執筆ど素人の私の背中を押してくださった株式会社Jディスカヴァーの城村典子社長、そして、地方自治体のあるべき姿について意見を寄せてくれた同僚議員や新潟市役所の元同僚たちに最大の感謝をあらわします。

伊藤健太郎

1973年、新潟市に生まれる。

中央大学経済学部中退。バーテンダーなどで生活を維持し、人生の展望を失いかけていたが、1994年、新潟市役所の職員採用試験に合格。20年間の役所勤めでは中越地震、中越沖地震などを防災担当として、日本APEC新潟食料安全保障担当大臣会合やトキめき新潟国体などの大規模なイベントを開催事務局として経験。民間企業との多くの連携を通じて、公民連携の重要性を実感する。

地元の更なる発展を公約に、2015年、統一地方選挙に無所属で立候補して初当選。2019年、再選され現在２期目。社会福祉政策を主要テーマとして議員活動を続ける傍ら、行政書士として企業・団体からの経営相談や、営業マンの研修も行っている。

地《ち》方《ほう》自《じ》治《ち》体《たい》への営《えい》業《ぎょう》

実《じつ》は「お役所《やくしょ》」こそが、ビジネスチャンスの発信地《はっしんち》

2021年2月12日 初版第1刷
2022年1月14日 初版第2刷

著者／伊藤健太郎《いとうけんたろう》
発行人／松崎義行
発行／みらいパブリッシング
〒166-0003 東京都杉並区高円寺南 4-26-12 福丸ビル 6 F
TEL 03-5913-8611　FAX 03-5913-8011
http://miraipub.jp　E-mail:info@miraipub.jp
企画協力／Ｊディスカヴァー
編集／道倉重寿
イラスト（カバー・本文）／安ヶ平正哉
ブックデザイン／堀川さゆり
発売／星雲社（共同出版社・流通責任出版社）
〒112-0005 東京都文京区水道 1-3-30
TEL 03-3868-3275　FAX 03-3868-6588
印刷・製本／株式会社上野印刷所

ISBN978-4-434-28480-9 C2033